Marcel Reich-Ranicki

Nichts als Literatur

Aufsätze und Anmerkungen

Philipp Reclam jun. Stuttgart

FÜR CARLA, DIE EINZIGE

Bio-bibliographisch ergänzte Ausgabe 1995

Universal-Bibliothek Nr. 8076
© für diese Ausgabe 1985 Philipp Reclam jun. GmbH & Co., Stuttgart
Gesamtherstellung: Reclam, Ditzingen. Printed in Germany 1995
RECLAM und UNIVERSAL-BIBLIOTHEK sind eingetragene
Warenzeichen der Philipp Reclam jun. GmbH & Co., Stuttgart
ISBN 3-15-008076-2

Inhalt

Dichter und Richter

In Sachen Kritik

Epilog

Anhang

Dankbarkeit und Anhänglichkeit, etwas Wehmut und natürlich auch eine Prise Sentimentalität – das ist es, was ich empfinde, wenn ich an die Reclam-Bändchen denke. Dies gilt, ich bin dessen sicher, für viele meiner Generationsgenossen ebenfalls. Jüngere Leser hingegen werden für derartige beinahe rührseligen Anwandlungen wohl kaum Verständnis haben, ja ich fürchte, sie wissen nicht recht, wovon eigentlich die Rede ist.

Zur Schule ging ich in Berlin und zwar gleichsam in zwei Epochen der Geschichte Deutschlands – in den letzten Jahren der Weimarer Republik und in den ersten des Staates, der sich das »Dritte Reich« nannte. Mein Taschengeld war bescheiden, doch nicht gar so dürftig. Dennoch kam ich nicht auf die Idee, mir Bücher zu kaufen. Sie waren viel zu teuer, man erhielt sie bestenfalls zum Geburtstag geschenkt.

Überdies waren die Berliner Stadtbüchereien gut ausgestattet, man konnte dort fast alles finden, was man suchte – natürlich mit Ausnahme der nach den Bücherverbrennungen vom Mai 1933 verbotenen Titel, die jedoch aus den Katalogen keineswegs verschwunden waren: Man hatte sie nur rot durchgestrichen. Das wiederum erleichterte die Auswahl der Lektüre. Allerdings mußte man nach den für das nationalsozialistische Deutschland offenbar gefährlichen Titeln anderswo fahnden, etwa in den Bücherschränken von Verwandten.

Und das Taschengeld? Das brauchte ich für andere Zwecke, vor allem für Oper und Theater. Im Schauspielhaus am Gendarmenmarkt kostete der billigste Platz – dritter Rang, Empore – eine Mark. In die Staatsoper Unter den Linden konnte man gleichfalls für eine Mark hineinkommen. Aber dafür gab es bloß einen Stehplatz im vierten Rang, wo sich in den Premieren immer wieder dieselben (meist jungen) Leute trafen. Besonders beschwerlich war das Stehen übrigens nicht, es sei denn in den *Meistersingern*: Wenn Hans Sachs das Volk aufforderte, die Meister nicht zu verachten, da dachte man hoch oben eher an einen bequemen Sitzplatz als an die heil'ge deutsche Kunst, die von Sachs und dem Chor besungen werden.

Und Bücher? Doch, die kaufte ich auch, nur keine richtigen – eben die unscheinbaren und meist dünnen Reclam-Bändchen. Auch sie waren nicht gerade spottbillig. Sie kosteten in den dreißiger Jahren, wenn ich mich recht erinnere, immerhin fünfunddreißig Pfennige. Soviel allerdings habe ich nie ausgegeben. Es wäre verschwenderisch gewesen. Denn in jedem Berliner Antiquariat standen große Kästen mit Reclam-Titeln für nur zehn Pfennige. Da fand man Lessings Dramen und Goethes Gedichte, Schillers Balladen und Hölderlins Oden, Kleists Erzählungen und Heines Lieder, Kellers Novellen und Wagners Opern.

Kurz und gut: Hier konnte man nahezu die ganze deutsche Literatur für jeweils zehn Pfennige erwerben. Die Reclam-Bändchen – das waren die Taschenbücher meiner Jugend und zwar die einzigen: Sie kannten keine Konkurrenz, es gab auf dem deutschen Buchmarkt keine Serie, die so umfassend und handlich, so zuverlässig und (nicht zuletzt) so preiswert gewesen wäre.

Das alles sind, wie die Berliner zu sagen pflegen, »vergangene tempi passati«. Ihre Einmaligkeit hat Reclams Universal-Bibliothek (so hieß und heißt die Serie offiziell) längst eingebüßt, heute muß sie sich inmitten von vielen Taschenbuch-Reihen behaupten. Diese mögen attraktiver und auch origineller aussehen, bunter und abwechslungsreicher sind sie auf jeden Fall. Die Umschläge der Reclam-Bände hingegen begnügen sich nach wie vor mit einer einzelnen Farbe und verzichten auf graphische Effekte. Auch sie versuchen, die Käufer zu locken, aber sie tun es nur mit dem Namen des

Autors und mit dem Titel. Die älteste deutsche Taschenbuch-Reihe – sie wurde 1867 gegründet – ist somit zugleich die schlichteste. In einer Zeit, in der wir alle unentwegt von der Werbung bedrängt und belästigt werden, scheint mir diese Zurückhaltung beachtlich, diese Strenge, wenn nicht gar Askese rühmenswert. Und sollte sich in Zukunft etwas ändern, sollten auch auf den Reclam-Bänden Bildelemente zu sehen sein – ich bin sicher, daß die Universal-Bibliothek auch dann die schlichteste, die vornehmste Taschenbuch-Reihe bleiben wird.

Noch etwas gilt es hier zu bedenken: Hierzulande ist es nicht gut um die Tradition bestellt. Man spricht von ihr meist nur aus Pflichtgefühl und dann vor allem, wenn man glaubt, ihr Fehlen beklagen zu müssen. Tatsächlich ist Deutschland das exemplarische Land der kontinuierlichen Traditionsbrüche und der traditionellen Diskontinuität. Eben deshalb – und nicht nur aus sentimentalen Gründen – schätze ich Reclams Universal-Bibliothek: Was einst, noch vor der Reichsgründung, mit Goethes *Faust* begann, immer im Zeichen der Klassiker stand und freilich bisweilen (so in den Jahren von 1933 bis 1945) auf Abwege geriet, repräsentiert und verkörpert ein Stück deutscher Kulturtradition.

Nun war es nicht meine Absicht, die kleinen Hefte, die sich in jeder Jackettasche bequem unterbringen lassen, zu feiern. Vielmehr wollte ich erklären, warum ich dem Vorschlag, eine Auswahl meiner Arbeiten als Reclam-Band erscheinen zu lassen, sofort freudig zugestimmt habe.

Rasch waren wir uns einig, daß sich diese nicht zuletzt für Studenten und Schüler bestimmte Auswahl von meinen anderen Büchern deutlich unterscheiden sollte. So finden sich hier keine Kritiken oder Porträts, keine Lobreden oder Nachrufe, wohl aber Glossen und Feuilletons, Kommentare und kleinere essayistische Studien, die sich allesamt mit der deutschen Literatur der Gegenwart und mit unserem literarischen Leben befassen.

Von den vierundzwanzig in diesem Bändchen enthaltenen

Aufsätzen wurden elf zuerst in der Wochenzeitung *Die Zeit* veröffentlicht, acht weitere habe ich für die *Frankfurter Allgemeine Zeitung* geschrieben. Schon daraus geht hervor, daß diese zwischen 1961 und 1983 verfaßten Artikel ihre Entstehung aktuellen Anlässen verdanken, also dem Alltag des literarischen Lebens entstammen.

Aber nur solche Arbeiten wurden ausgewählt, die (so will es mir scheinen) über die konkreten Anlässe oder Ursachen, über das Zeitbedingte hinausgehen. Das soll heißen: Wenn der Autor es sich erlaubt, sie noch einmal den Lesern vorzulegen, so nicht um der Vergangenheit willen, vielmehr immer mit dem Blick auf die Gegenwart, auf die Literatur unserer Jahre. Dabei habe ich von nachträglichen Textänderungen sogar dann abgesehen, wenn sie mir aus heutiger Sicht angebracht schienen: Alle diese Arbeiten werden in ihrer ursprünglichen Fassung geboten.

Und schließlich: Wer für die hier vereinten Aufsätze einen gemeinsamen Nenner sucht, dem läßt sich vielleicht mit dem Stichwort »Vermittlung« helfen. Nach wie vor meine ich, daß für den Kritiker heutzutage keine Aufgabe dringlicher ist als jene, Vermittler zu sein – zwischen der Kunst und der Gesellschaft, der Dichtung und dem Alltag, der Tradition und der Moderne, zwischen den Schriftstellern und den Lesern. Mit einem Wort: zwischen der Literatur und dem Leben.

Frankfurt am Main, im April 1985   *M. R.-R.*

Wer schreibt, provoziert die Gesellschaft

1

Muß ein Schriftsteller gegen die Gesellschaft sein, in der er lebt? – fragte soeben Hans Mayer aus Leipzig auf dem literarischen Ost-West-Streitgespräch in Hamburg. Nein, antwortete Mayer; Molière, beispielsweise, habe die Gesellschaft seiner Zeit ausdrücklich befürwortet. Nun gut, der Schriftsteller braucht nicht unbedingt die Gesellschaft zu bekämpfen. Aber er muß sie provozieren. Denn für die Schriftsteller aller Zeiten gilt, was der Herr von Mephistopheles sagt:

> Des Menschen Tätigkeit kann allzu leicht erschlaffen,
> Er liebt sich bald die unbedingte Ruh;
> Drum geb ich gern ihm den Gesellen zu,
> Der reizt und wirkt und muß als Teufel schaffen.

Mit jeder Komödie hat Molière seine Umwelt herausgefordert. *Der Misanthrop* war ein Schrei der Empörung und des Protestes, der *Don Juan* eine einzige Anklage gegen die herrschenden Schichten. Der eigentliche Held des Stückes ist keineswegs der aristokratische Frauenverführer, sondern sein plebejischer Diener Sganarelle.

Wie Molière waren alle großen Dichter – wenn man genau hinsieht und sich von ihren Täuschungsmanövern nicht irreführen läßt – Provokateure: Dante und Shakespeare, Voltaire und Lessing, Schiller und Kleist, Dostojewskij und Gogol. Die Meister der Moderne – Proust, Kafka, Joyce, Döblin, Faulkner – haben nichts anderes getan, als die der Literatur

innewohnende Provokation bis an den Rand des Möglichen
zu treiben.

Und da die Dichter, die Schöpfer von Welten, ihre größten
Gestalten nach dem eigenen Ebenbild formen, finden wir in
der Literatur immer wieder Provokateure – zumindest Pro-
vokateure wider Willen: das Mädchen Antigone, das selb-
ständig handelt, statt zu gehorchen; Don Juan, der die
Gesetze der Gesellschaft ignoriert; der Prinz Hamlet von
Dänemark, das Urbild des einsamen Intellektuellen; der
Doktor Faust, der bedauert, Theologie studiert zu haben;
Karl Moor, der ein Räuber sein will; der Fürst Myschkin, den
sie den »Idioten« nennen. Provokateure sind im tiefsten Sinne
des Wortes die Paare, die ihrer Liebe leben jenseits von Sitte,
Ordnung und Gesetz: Hero und Leander, Tristan und
Isolde, Romeo und Julia, Ferdinand und Luise, Anna Kare-
nina und Wronskij. Und Provokateure ihrer Umwelt sind der
Galileo Galilei Brechts und jener Kosak Grigorij Melechow,
der am »Stillen Don« zu leben versuchte. – Wie also? Sollte
die Behauptung »Kunst ist Provokation« auch für die kom-
munistische Literatur gelten, die einer streng definierten
Lehre dient?

2

Die Geschichte der Verfolgung der Schriftsteller durch die
Tyrannei ist vermutlich genauso alt wie die Geschichte der
Literatur. Sobald die Machthaber begriffen, daß das Wort
eine Waffe sein kann, waren ihnen die Meister des Worts
nicht mehr gleichgültig. In den Briefen *Über die ästhetische
Erziehung des Menschen* schreibt Schiller: »Schon im Alter-
tum gab es Männer, welche die schöne Kultur für nichts
weniger als eine Wohltat hielten und deswegen sehr geneigt
waren, den Künsten der Einbildungskraft den Eintritt in ihre
Republik zu verwehren.« In dieser Hinsicht hat sich bis heute
nichts geändert. Freilich gibt es zahllose Spielarten und Varia-
tionen der Verfolgung.

Zu den Besonderheiten des Kulturlebens in vielen kommunistischen Staaten gehört der Umstand, daß es von gescheiter-
ten Künstlern, meist Literaten, geleitet wird. In der DDR
sind es vornehmlich drei Männer, die die Kunst reglementie-
ren: zwei außergewöhnlich unfähige Romanciers (Alfred
Kurella und Otto Gotsche) und ein gescheiterter Lyriker und
Kritiker (Alexander Abusch). Auch über sie wußte Schiller in
den Briefen *Über die ästhetische Erziehung* einiges zu sagen:
»Der Mann ohne Form ... kann es dem Günstling der Gra-
zien nicht vergeben, daß er ... als Schriftsteller seinem ganzen Jahrhundert vielleicht seinen Geist aufdrückt, während
daß er, das Schlachtopfer des Fleißes, mit all seinem Wissen
keine Aufmerksamkeit erzwingen, keinen Stein von der Stelle
rühren kann.«
Hiermit ist auch der Hauptgrund der Kunstfeindschaft der
heutigen kommunistischen Parteien angedeutet: In dem
Bestreben, dem Jahrhundert ihren Geist aufzudrücken,
fürchten sie die Konkurrenz des talentierten Schriftstellers.
Der Kommunist Johannes R. Becher, der nicht nur Mini-
ster, sondern auch Künstler war, hat es gewußt. Nach Ansicht der Funktionäre solle der Dichter – schreibt Becher –
»Bedürfnisse befriedigen, Befehle erfüllen, das Denken anderen überlassen und das Denken dieser anderen eben poetisch
illustrieren«. Die Funktionäre wittern mit Recht, »daß
die Kunst ihnen etwas Abträgliches, Fremdes, Feindliches«
sei. Von Georg Lukács wiederum stammt die spöttische
knappe Formulierung: »Talent ist ohnehin eine Rechts-
abweichung.«
Jahrzehntelange Erfahrungen der kommunistischen Kultur-
politik haben bewiesen, daß ein Schriftsteller, der mehr als ein
»Illustrator« sein will und zu sein vermag, fast immer sehr
gefährlich wird – selbst wenn er ganz und gar entschlossen ist,
nur seiner Partei zu dienen. Denn das Kunstwerk ist zum
Leidwesen der Funktionäre ein sehr ungebärdiges Phänomen. Sobald es veröffentlicht ist, führt es sein eigenes Leben
und kann etwas ganz anderes ausdrücken, als der Autor

ursprünglich beabsichtigte. Die bedeutenden Werke auch der kommunistischen Dichter erweisen sich als Provokationen ihrer Umwelt.

3

Aus Moskau wurden nach der Stadt Mukden vier Agitatoren geschickt, »um Propaganda zu machen und in den Betrieben unterstützen die chinesische Partei«. Ihnen soll ein ortskundiger junger Genosse helfen, der sagt: »Ich glaube an die Menschheit. Und ich bin für die Maßnahmen der kommunistischen Partei.« Es stellt sich jedoch heraus, daß die vier Agitatoren sich auf diesen jungen Genossen nicht verlassen können, denn es gibt für ihn etwas, was stärker ist als die Anweisungen der Moskauer Parteizentrale. Er behauptet: »Denn der Mensch, der lebendige, brüllt, und sein Elend zerreißt alle Dämme der Lehre.« Und: »Im Anblick des Kampfes verwerfe ich alles, was gestern noch galt, kündige alles Einverständnis mit allen, tue das allein Menschliche.« Da derartige Ansichten des jungen Genossen die Verwirklichung des Planes erschweren, muß er liquidiert werden. Er legt ein Schuldbekenntnis ab und bittet, ihn zu töten. Die Agitatoren berichten:

> Dann erschossen wir ihn und
> Warfen ihn hinab in die Kalkgrube.
> Und als der Kalk ihn verschlungen hatte,
> Kehrten wir zurück zu unserer Arbeit.

Über diese Tat der Agitatoren urteilt ein »Kontrollchor«:

> Und eure Arbeit war glücklich.
> Ihr habt verbreitet
> Die Lehre der Klassiker,
> Das ABC des Kommunismus.

Also wird berichtet in dem Lehrstück *Die Maßnahme*, das der Kommunist Bertolt Brecht zum Preis seiner Partei, ihrer

Lehre und ihrer Methoden geschrieben hat. 1930, als dieses Stück entstand, konnte es vielleicht noch im Sinne des Dichters aufgefaßt werden, der unzweifelhaft die bürgerliche Welt provozieren und für den Kommunismus werben wollte. Muß man noch sagen, daß *Die Maßnahme* heute den Kommunismus provoziert und geradezu gegen die östliche Welt aufwiegelt?

Wen provoziert heute Brechts Schauspiel vom *Leben des Galilei*, der von den autoritären Machthabern gezwungen wird, seinen Lehren abzuschwören? Arnold Zweigs *Beil von Wandsbek* und der Anna Seghers Meisterroman *Das siebte Kreuz* sollten nicht mehr sein als Kampfbücher gegen den Nationalsozialismus. Aber dank der Kraft der beiden Erzähler wird in diesen Romanen die Situation des Menschen in jedem totalitären Land sichtbar. Wen provozieren diese Bücher heute? Daß der in der DDR nach dem *Beil von Wandsbek* gedrehte Film sofort aus politischen Gründen verboten wurde, ist bekannt.

Isaak Babel, der große russische Prosapoet der zwanziger Jahre, gehörte zu den leidenschaftlichen Anhängern der Revolution. In den Reihen einer Kosaken-Reiterarmee war er auf der Suche nach der jetzt roten Blume der Romantik. Aber er sah menschliches Leiden, Grausamkeit, Ungerechtigkeit. Sind seine genialischen Momentaufnahmen nicht Provokationen? Und gegen wen richten sie sich? Majakowskij war – laut Stalin – »der beste und begabteste Dichter der Sowjetepoche«. Seine Komödie *Das Schwitzbad* jedoch, die 1930, im Jahre seines Selbstmords, geschrieben wurde, wird in allen östlichen Ländern bis heute gefürchtet. Ist Scholochows Epos, das die Tragödie der freiheitsliebenden Kosaken zeigt, ein prokommunistisches Werk?

Für alle diese Bücher und viele andere gilt, was man mit einer Variation des oben angeführten Ausspruchs des jungen Genossen aus Brechts *Maßnahme* ausdrücken kann: »Denn die Kunst, die wirkliche, brüllt, und ihre Größe zerreißt alle Dämme der Lehre.«

4

In der Bundesrepublik erscheinen jetzt zahlreiche Bücher deutscher, russischer, polnischer und anderer kommunistischer Schriftsteller von gestern und heute. Soll man dies begrüßen, kann man es befürworten? Sofern es sich um künstlerisch wertvolle Werke handelt, kann es auf diese Frage nur eine einzige Antwort geben: Ja! Denn die echte Literatur ist eine Kraft, die, selbst wenn sie das Böse will, stets das Gute schafft. (1961)

Deutsche Unterhaltungsliteratur

Über *Die ewige Gartenlaube* schreibt Geno Hartlaub in der *Süddeutschen Zeitung* vom 31. März 1962: »Die Technik der Meinungsumfragen und die Praxis der sklavischen und zynischen Massen-Bedienung hat auf dem Gebiet der Unterhaltungsliteratur zu einer Sterilität und einem Mangel an Einfällen geführt, die es nicht verwunderlich erscheinen lassen, daß breite Leserschichten sich heute noch mit den Klischeefiguren und -situationen einer längst versunkenen Epoche behelfen müssen. Man bewegt sich auf einem Circulus vitiosus . . .« Die Erwachsenen klammern sich weiter an Romane im Gartenlaubenstil: »Das Nachleben der Cowboys und Detektive, der Komtessen, Künstlergenies, Geigenbauer und Wilderer in unseren Tagen der genormten Massengesellschaft wirkt gespenstig.« An die früh entwickelten Kinder hingegen, die, »kaum dem Karl May- und Ganghofer-Alter entwachsen, *Lolita* und *Lady Chatterley's Lover* verschlingen«, knüpft Geno Hartlaub eine leise Hoffnung: »Man kann es sich nicht vorstellen, daß diese jüngste Generation später einmal zu den Groschenheften und den Romanen der Leihbüchereien greifen wird, mit denen sich ihre Eltern . . . ihre

Freizeit vertreiben. Für die ›Halbstarken‹ . . . sind die Zeiten der Förster im Silberwald, der verkannten Genies mit Künstlerlocken, der edelmütig verzichtenden Frauen und der rothaarigen Vamps auf den Plüschsofas für immer vorbei, so sollte man meinen.«

Was werden jene Menschen lesen, die zwar die Gartenlauben-Produkte ablehnen, jedoch Bücher wie Genußmittel konsumieren möchten, was wir ihnen keinesfalls verübeln sollten? »Der Trivialroman der Kioske und Leihbüchereien«, der »das Aschenbrödel und Stiefkind unserer Unterhaltungsliteratur« sei, bedürfe dringend der Erneuerung. Offen gesagt, ist mir an einer Erneuerung an sich und überhaupt wenig gelegen, solange ich nicht weiß, in welcher Richtung sie erfolgen soll. Wäre uns mit dem Austausch von Klischees gegen solche, die unserer Zeit eher gerecht werden, gedient? Geno Hartlaub befaßt sich mit dieser Frage nicht, aber sie nähert sich dem Kern des Problems mit einem Satz, den ich an einer anderen Stelle ihres lesenswerten Artikels gefunden habe: »Nie ist die Kluft zwischen Kolportageliteratur und ernsthafter oder gar experimenteller Schriftstellerei so groß gewesen wie in unseren Tagen.«

Das allerdings ist eine Erscheinung, die sich nicht nur auf die Literatur beschränkt, sondern das gesamte Kulturleben der Gegenwart charakterisiert. Der Abstand zwischen der serienmäßig produzierten Gebrauchsware und den kühnen Experimenten, zwischen dem Schund und der Kunst, scheint mir auf dem Gebiet der zeitgenössischen Musik, Malerei, Skulptur und Architektur nicht geringer als auf dem der Literatur zu sein. Ich sehe darin noch kein sonderliches Unglück. Es kommt nur darauf an, daß dieser Abstand von Zwischenstadien, Entwicklungsstufen und Übergangsformen ausgefüllt wird. Denn nichts ist gefährlicher als ein Niemandsland zwischen der Kolportage und der großen Kunst. Und eben das macht sich in beängstigendem Maße in der deutschen Literatur bemerkbar.

Seit eh und je neigt der deutsche Autor dazu, entweder welt-

bewegende Philosophie anzustreben oder sein Buch von
vornherein auf einer Ebene anzusiedeln, die sich eigentlich
schon außerhalb der Literatur befindet. »Seinsergründende«
Werke oder derbe Späße für geistig Unbemittelte. Goethe,
das Land der Griechen mit der Seele suchend, oder Kotzebue,
das Land der Deutschen mit Rührseligkeit versorgend. *Wilhelm Meister* oder *Rinaldo Rinaldini*. *Der Grüne Heinrich*
oder *Die Goldelse* (der Elfriede Marlitt). *Gyges und sein Ring*
oder *Der Raub der Sabinerinnen*. *Parsifal* oder *Alt-Heidel-
berg*. Hugo von Hofmannsthal oder Nataly von Eschtruth.
Mann oder May. *Der Zauberberg* oder Ganghofers *Laufen-
der Berg*. Hans Henny Jahnn oder Hans Heinz Ewers.

Das alles sei übertrieben? Natürlich ist es übertrieben, aber es
geht doch ganz einfach darum, daß in der deutschen Literatur
meist das gute Mittelmaß fehlt. Große Problemdramen?
Die gibt es in Hülle und Fülle: von Lessing über Hebbel bis
zu Brecht. Anständige Konversationskomödien und Gesell-
schaftsstücke? Die mußten aus Frankreich oder England im-
portiert werden. Philosophische Romane? Seit den Romantikern wird im deutschen Roman philosophiert, meditiert,
reflektiert, kommentiert und diskutiert. Wenn im neunzehnten Jahrhundert ein deutscher Autor geistreiche und zugleich
leichte, unterhaltsame und zugleich vortreffliche Romane
schrieb, dann war dieser Fontane – kann das ein Zufall sein? –
französischer Abstammung und wurde, versteht sich, von
den zünftigen Germanisten Jahrzehnte hindurch nicht ganz
ernst genommen.

In der ersten Hälfte unseres Jahrhunderts gab es einige deutsche Schriftsteller mit Talent, die berufen schienen, gute
Unterhaltungsliteratur zu schreiben. Sie landeten fast alle
erstaunlich schnell in höchst zweifelhaften literarischen Ge-
filden. Jakob Wassermann geriet in billige Pseudopsycho-
logie und entsetzliche Pseudophilosophie, der junge Bernhard Kellermann in sentimentalen Kitsch (*Ingeborg* war *Die
Rote* der wilhelminischen Zeit) und der alte Kellermann in
bombastische Geschmacklosigkeiten. Der glanzvoll begabte

Stefan Zweig parfümierte, manikürte und puderte seine Prosa und kleidete sie schließlich in kunstseidene Reizwäsche, die schon in den zwanziger Jahren aus der Mode war. Remarque wiederum begab sich auf eine skrupellose Jagd nach literarischen Knalleffekten. Das alles war und ist teilweise noch heute erfolgreich.

Aber sowenig es möglich ist, den Schund mit der großen Literatur zu vertreiben, sowenig hat es Sinn, ihm den Halb- oder Dreiviertel-Kitsch entgegenzustellen. Was brauchen wir also? Romane, deren Autoren es sich sehr schwer machen, damit die Leser es sehr leicht haben; Unterhaltungsromane also, die harmlos und anspruchslos sein dürfen, ja sein sollen, zugleich jedoch logisch, vernünftig und intelligent, geschmackvoll und spannend, geistreich und humorvoll sind. Ein deutscher Somerset Maugham – ist das etwa ein utopischer Traum? Wenn sich zwischen dem Schund und der großen Literatur (oder dem, was große Literatur zu sein vorgibt) ein Niemandsland ausbreitet, dann werden die Leser, die von den Courths-Mahler-Epigonen genug haben und sich nach besserer Literatur sehnen, doch wieder zum Kitsch zurückkehren. Ganghofers *Schloß Hubertus* läßt sich durch Kafkas *Schloß* nicht ersetzen, vielleicht aber durch Tucholskys *Schloß Gripsholm*. Musils *Mann ohne Eigenschaften* kann Agnes Günthers *Heilige und ihr Narr* nicht verdrängen. *Der Richter und sein Henker* des Friedrich Dürrenmatt kommt hierfür schon eher in Frage. Freilich ist der Titel des Romans nicht eben attraktiv: In Deutschland liest man lieber Autoren, die über Heilige und Narren schreiben als jene, die sich mit den Richtern und Henkern befassen.

Mithin ist es nicht ganz so schlimm: Es gibt doch eine – allerdings ziemlich magere – Tradition der guten deutschen Unterhaltungsprosa. Sie führt etwa, glaube ich, von Arthur Schnitzlers Erzählungen aus der Zeit vor dem Ersten Weltkrieg über Tucholskys *Gripsholm* aus den zwanziger Jahren und über Erich Kästners Romane aus den dreißiger Jahren bis zu den Kriminalromanen Dürrenmatts. In der Fortsetzung dieser hier nur eilig skizzierten Linie sehe ich eine der Möglichkeiten, die Kluft zu überbrücken, die zwischen der deutschen Gegenwartsliteratur und einem großen Teil des Publikums besteht. Nicht um eine Erneuerung des »Trivialromans der Kioske und Leihbüchereien« sollten wir uns bemühen, sondern um etwas ganz anderes: um das gute literarische Mittelmaß, den anständigen deutschen Unterhaltungsroman.

(1962)

Betrifft Literatur und Sport

Der Erzähler und Dramatiker Siegfried Lenz, der in seiner Jugend, wie ich aus zuverlässiger Quelle erfahren habe, auch als Leichtathlet, zumal als Speerwerfer, Beachtliches zu leisten vermochte, schreibt im Literaturblatt des *Tagesspiegel* vom 26. Januar 1964: »Wer zum Verständnis der modernen Gesellschaft gelangen will, kommt – so scheint mir – ohne Berücksichtigung des Sports nicht mehr aus; denn die Arenen der Welt sind zu Spiegeln geworden, in denen sich vieles abbildet: die Wünsche, Ehrgeize, die Hoffnungen und Sehnsüchte der Zeitgenossen, aber auch ihre Leidenschaften, Neurosen und Hysterien, ihre Räusche und Ansprüche.«
In der Tat: Der Sportwettkampf ist eine Volksbelustigung, die man sich aus dem Leben unserer Epoche nicht mehr wegdenken kann. Und die Volksbelustigung erweist sich zugleich als eine einzigartige Passion, die Menschen, die nichts miteinander gemein haben, doch für die Dauer eines Boxkampfes, eines Fünftausendmeter-Laufs oder eines Fußballmatches zu fast identisch reagierenden Gemeinschaften werden läßt. Hier sind sie sich plötzlich alle einig: Der Greis und der Jugendliche, der Universitätsprofessor und der Analphabet, der Regierungschef und der Portier, der Krösus und der Bett-

ler. Für eine Weile vergessen sie alle ihre Sorgen, sie lassen sich betäuben, berauschen, verzaubern. Sie fiebern nur noch mit dem Mann, der verzweifelt die Aschenbahn umkreist, sie leiden und triumphieren mit ihrem Helden im Ring, sie sind beglückt, wenn es der Mannschaft, der sie den Sieg wünschen, gelingt, den Ball durch jenes Rechteck zu befördern, das man »Tor« nennt.

Millionen werden vom Sport hingerissen. Nur nicht die Literatur. Sie läßt dieses Phänomen links liegen, sie zeigt ihm die kalte Schulter, sie kümmert sich wenig um den Sport. Gewiß haben Schriftsteller oft über den Sport geschrieben, gewiß ist es ihnen oft gelungen, wichtigen Sportereignissen in Reportagen, Berichten und Impressionen gerecht zu werden. Als typisches Beispiel kann man das Buch *Römisches Olympia* von Rudolf Hagelstange nennen, der übrigens – wie ein Literaturlexikon informiert – »mitteldeutscher Meister im Stabhochsprung 1938« war, und gerade jetzt, während der Olympischen Winterspiele in Innsbruck, besonders geehrt wurde. Aber nicht darum geht es mir hier, sondern um Sport als Thema von Romanen und Erzählungen, Dramen und Hörspielen. Gibt es derartige Werke? Wenn man lange sucht, kann man wenigstens etwas finden. Im Mittelpunkt des Romans *Cashel Byrons Beruf* von Bernard Shaw steht ein Boxer. Sportmotive finden sich bei Jack London, bei Hemingway und bei manchen zweitrangigen amerikanischen Autoren. Cocteau hat sich mit dem Sport befaßt und – in noch viel stärkerem Maße – Montherlant. Ein Rennfahrer ist der Held eines bereits in den zwanziger Jahren geschriebenen Romans von Kasimir Edschmid. Aus den dreißiger Jahren stammt ein Fußballroman von Friedrich Torberg mit dem Titel *Die Mannschaft*.

In seinem Buch *Verteidigung der Poesie* wandte sich Johannes R. Becher an die Schriftsteller der DDR: »Es ist ganz und gar bedauernswert, daß die verschiedenen Sportarten, die verschiedenen Meister in diesen Sportarten noch nicht ihre Dichter gefunden haben.« Kein namhafter Schriftsteller der DDR ist der Aufforderung nachgekommen. Auch für die westdeutschen Autoren hat der Sport als Thema nach 1945 nichts an Attraktivität gewonnen. Immerhin kann man jedoch den Läuferroman *Brot und Spiele* von Lenz anführen und das Johnsonsche *Dritte Buch über Achim*, der ja ein Radrennfahrer ist.

Mit Mühe und Not ließen sich in der Weltliteratur natürlich noch einige Beispiele finden – zumal wenn wir Fliegen, Reiten und Fechten berücksichtigen. Noch einige Namen, noch einige Titel – sie können alle nicht über die Tatsache hinwegtäuschen, daß der Sport, der in unserer Epoche eine geradezu gigantische Rolle spielt, für die Literatur kaum existiert – obwohl doch jeder Sportwettkampf von Dramatik strotzt, obwohl die Arenen der Welt zu jenen Spiegeln geworden sind, in denen sich »die Wünsche, Ehrgeize, die Hoffnungen und Sehnsüchte der Zeitgenossen« spiegeln. Obwohl? Nein: weil.

Der Sport und die Literatur sind nahe Verwandte, die sich zu sehr ähneln, um sich aufrichtig lieben zu können. Vielmehr wetteifern sie miteinander und bekämpfen sich insgeheim. Es sind im Grunde feindliche Brüder. Denn die Literatur und der Sport appellieren auf verschiedenen Ebenen und mit unterschiedlichen Mitteln an dieselben fundamentalen Gefühle. Viele große Motive, mit denen sich die Literatur seit Jahrtausenden befaßt – Heldentum, Leidenschaft, Solidarität, Neid, Ruhmsucht – dominieren auch in den Sportwettkämpfen, nur sind sie hier ungleich einfacher, primitiver, oberflächlicher, direkter. Viele Elemente, die die Literatur dem Leser zu bieten hat oder jedenfalls bieten möchte, kann er im Stadion finden – ohne Verschlüsselung, ohne Intellekt, ganz und gar unkompliziert. Kein Drama der Welt kann so übersichtlich sein wie ein Fußballspiel. Nichts zeigt die Brutalität des Lebens deutlicher als ein Boxkampf. Und ist nicht ein Langstreckenlauf zugleich eine Art Parabel vom Kampf ums Dasein? Und wo ließe sich die Vergänglichkeit des Ruhms besser beobachten als in der Arena? »Im Sport« –

schreibt Lenz – »wird jedem geboten, worauf er aus ist.«
Daher macht das Erlebnis, dessen der Sportzuschauer teilhaftig wird, für Millionen die Kunst überflüssig. In diesem Sinne
darf man den Sport als Kunstersatz bezeichnen.

In einem Artikel über den *Sport und die Literaten* hieß es in
der *Welt* vom 18. Januar 1964: »Der Sport ist Ausdrucksform, Charakterbekenntnis und ein Spiel der Persönlichkeiten, er ist Schauspiel und Komödie, Grazie und Kraft, Schönheit und Wissen ...« Aber wenn das alles der Sport schon ist,
was soll da noch der Schriftsteller ausrichten? Er braucht nur
noch zu berichten. Es hat keinen Sinn, daß der Maler sich um
die Bewältigung von Aufgaben müht, die der Photograph
besser, zuverlässiger und schneller lösen kann. Nein, hier
bleibt für den Schriftsteller eigentlich nichts mehr zu tun: Der
Sport ist kein Thema.

Am Ende seines Aufsatzes sagt Lenz, er höre, da er in der
Nähe eines Sportplatzes lebe, »jeden Sonntag die Gezeiten
der Begeisterung und Enttäuschung von zwanzigtausend
Zeitgenossen ..., die hier Andachtsübungen vor ihren
wadenstarken Ikonen abhalten«. Und er fügt hinzu: »Während ich einst das Brausen der Stimmen nur irritiert zur
Kenntnis nahm, lausche ich ihm heute mit nachdenklichem
Wohlwollen.«

Dem ehemaligen Leichtathleten muß man vermutlich dieses
»nachdenkliche Wohlwollen« zuschreiben. Aber in ihm
scheint mir auch eine Prise Melancholie enthalten zu sein, die
der Schriftsteller beigesteuert hat – der Schriftsteller, der sich
dessen bewußt ist, daß »die Gezeiten der Begeisterung und
Enttäuschung« von der gefährlichsten Konkurrenz hervorgerufen werden, vom feindlichen Bruder, gegen den die Literatur nicht aufkommen kann.

(1964)

Ohne Fuß auf deutscher Erde?

Was wollte der Autor sagen? Wer die alte Oberlehrerfrage zitiert, beeilt sich meist hinzuzufügen, sie habe uns in der Schule die Lektüre der Klassiker verleidet. Wenn ich mich aber recht erinnere, hat diese Frage die Klassiker nur jenen verleidet, die sie nicht beantworten konnten. So ähnlich geht es den Kritikern mit ihren Schützlingen und Patienten, den zeitgenössischen Dichtern also. Denn gegen die Frage, was sie denn eigentlich mit ihrem neuesten Roman oder Drama oder Gedicht sagen wollten, protestieren am heftigsten diejenigen Autoren, die keine Antwort wissen und denen von der Kritik vorgeworfen wurde, daß sie nichts oder nur sehr wenig zu sagen haben. Und dann heißt es gleich, die Kritiker sollten sich nicht soviel um den Sinn und den Inhalt eines literarischen Werks kümmern, sondern vor allem seine Sprache und Form untersuchen. Amüsanterweise fordern dies gern Schriftsteller, deren Werke sich zwar durch inhaltliche Schwäche, aber mitnichten durch formale Vorzüge auszeichnen. Natürlich sind sich alle längst einig, daß man im literarischen Kunstwerk Inhalt und Form nicht voneinander trennen und gesondert betrachten darf, daß sie sich gegenseitig bedingen und somit eine Einheit bilden müssen. Nur ist in diesem Postulat – und das scheinen manche, die sich von der Kritik benachteiligt fühlen, zu vergessen oder zu verdrängen – die Inhaltsanalyse eben einbegriffen.

Nicht ohne aktuelle Anlässe komme ich auf dieses Thema zu sprechen. Denn in seiner ersten Vorlesung als Gastdozent für Poetik an der Frankfurter Universität soll Heinrich Böll folgende Gedanken geäußert haben: »Statt die Syntax zu studieren, statt Rhythmen herauszufinden oder Wörter zu sammeln«, betreibt man »Inhaltsanalyse. Leser und Kritiker sind darauf aus zu erfahren, was der Autor gemeint haben möge.« So wurde in der *Frankfurter Allgemeinen Zeitung* vom 15. Mai 1964 referiert. Vielleicht hat der Berichterstatter –

und ich möchte es hoffen – den Gastdozenten mißverstanden. Sollte dies aber nicht der Fall sein, dann muß Böll nachdrücklich geantwortet werden: Freilich sind wir Leser und Kritiker darauf aus zu erfahren, was der Autor gemeint hat. Und was sein Werk uns zu sagen hat. Zumal in diesem Land und in diesen Jahren muß man solche simplen Fragen immer wieder in aller Deutlichkeit stellen. Böll, der die Einheit von Sprache und Gewissen im Dienste der Gegenwart gefordert und auch bisweilen verwirklicht hat, braucht derartige Fragen – was sein Gesamtwerk, nicht aber einzelne Arbeiten betrifft – keineswegs zu scheuen. Um so verwunderlicher, daß er sich ihnen offenbar entziehen möchte und daher Ansichten äußert, die Schaden anrichten und Verwirrung stiften.

Die Geschichte der deutschen Literatur, insbesondere in unserem Jahrhundert, zeigt, welche Folgen sich ergeben haben, wenn die Frage nach der Substanz des literarischen Kunstwerks nicht mit der Frage nach seiner Funktion verbunden wurde. Indem wir auf dieser Verbindung bestehen, bleiben wir der schönsten Tradition der deutschen Literaturkritik treu. In seinem Aufsatz *Von Ähnlichkeit der mittleren englischen und deutschen Dichtkunst* klagte Herder im Jahre 1777: »Da schreiben wir denn nun ewig für Stubengelehrte und ekle Rezensenten, aus deren Munde und Magen wir's dann zurückempfangen, machen Romanzen, Oden, Heldengedichte, Kirchen- und Küchenlieder, wie sie niemand versteht, niemand will, niemand fühlt. Unsre klassische Literatur ist Paradiesvogel, so bunt, so artig, ganz Flug, ganz Höhe und – ohne Fuß auf die deutsche Erde.« – Darum geht es: daß eine Literatur verhindert wird, die »niemand versteht, niemand will, niemand fühlt«. Daß die deutsche Literatur mit dem Fuß auf deutscher Erde bleibt. Schlichter gesagt: daß sie sich nicht vom Leben und von der Wirklichkeit entfernt. Daß sie wenigstens versucht, die Aufgaben zu erfüllen, die ihr von der Gesellschaft und der Gegenwart gestellt werden.

Mit dieser Problematik im Bereich des deutschen Theaters und des deutschen Dramas befaßte sich die Zeitschrift *Thea-*

ter heute (Juni 1964). Das ungewöhnliche Echo, das Hoch-
huths Stück überall findet, hat die Redaktion veranlaßt, eine
Debatte zu eröffnen, in der jedoch nicht der Wert oder
Unwert des *Stellvertreter* erörtert wird, sondern die Frage,
»ob das Theater nicht seine Aufgabe, Themen wie diesem ein
Podium zu geben, das ihnen die Öffentlichkeit offenbar versagt, in den letzten Jahren zu sehr vernachlässigt hat«. Die
Redaktion meint: »Es geht darum, ob wir unseren dramati-
schen Autoren nicht zurufen sollten: Steigt herunter aus
euren abstrakten Wolkenkuckucksheimen, aus euren Träu-
mereien am Kamin des Absurden, aus euren Weltverände-
rungsparabeln! ›Die Wahrheit ist konkret!‹ – so hat es einer
ausgedrückt. Es mag sein, daß wir das Zeitstück einmal satt
bekommen haben, weil wir zuviel davon bekamen. Aber
haben wir heute nicht zuwenig davon?« Und in einem Dis-
kussionsbeitrag heißt es, daß auf deutschen Bühnen heutzutage »mancher gar nichts meint, dieses aber höchst kunstvoll«
und »viele weder meinen noch können«. Ferner: »Wenn das
Theater seine Freiheit weiterhin nur von Außenseitern benut-
zen läßt, und noch dazu mit halbem Herzen, wäre es nicht
verwunderlich, wenn die öffentliche Meinung dem Theater
den Kredit entzöge.«
Was hier vom Theater gesagt wurde, gilt für die gesamte deutsche Literatur dieser Jahre. Sie hat konkrete, oft unangenehme und harte Pflichten zu erfüllen. Niemand kann sie ihr
abnehmen. Die Kritiker sind dazu da, sie an diese Pflichten zu
erinnern. Daher müssen sie sich überlegen, was der Autor
sagen wollte und was er gesagt hat. Das ist übrigens oft genug
ebenfalls eine unangenehme und harte Pflicht.   (1964)

Sexus und die Literatur

Hunderttausende von Bürgern der Bundesrepublik haben den Roman *Die Clique* von Mary McCarthy gekauft und gelesen. Es handle sich jedoch, hört man, um einen manipulierten Erfolg. Ich glaube nicht daran. Es ist richtig, daß für das Buch mit ungewöhnlicher Intensität geworben wurde. Gewiß hat man dadurch den Absatz erheblich gesteigert. Vielleicht wäre – hätte sich die Reklame in den üblichen Grenzen gehalten – nur die Hälfte oder sogar nur ein Drittel des bisherigen Verkaufs erzielt worden. Niemand kann das beweisen. Hingegen kann man beweisen, daß diese Hälfte oder dieses Drittel schon genügt hätte, um der *Clique* einen der ersten Plätze auf den diesjährigen westdeutschen Bestsellerlisten zu sichern. Wir haben es also, meine ich, nicht mit einem vorfabrizierten oder manipulierten Erfolg zu tun, sondern lediglich mit einem durch die Werbung potenzierten oder multiplizierten Verkaufsergebnis.

Kein Zweifel nämlich, daß dieser Erfolg ebenso gute wie einleuchtende Gründe hat. Ich halte *Die Clique* zwar nicht für ein bedeutendes Kunstwerk der Epik, wohl aber für ein beachtliches, trotz mancher Einwände gutes und auf jeden Fall sehr lesenswertes Buch. Und lesenswert ist es besonders dank der Kapitel und Szenen, die sexuelle Phänomene betreffen. Deshalb vor allem – ich bin davon überzeugt – greifen Hunderttausende zu dem Roman der Mary McCarthy.

Es fällt auf, daß auch mehrere andere Bücher, die in den letzten Jahren in der Bundesrepublik ein außerordentlich starkes Echo gefunden haben und weiterhin finden, mehr oder weniger ausführliche Darstellungen von Vorgängen und Erscheinungen aus der Sexualsphäre enthalten. Das gilt, beispielsweise, für Nabokovs *Lolita*, Lawrence's *Lady Chatterley* und Tanizakis *Schlüssel*, für die Romane von Lawrence Durrell, Alberto Moravia und, vor allem, von Henry Miller. Nichts verständlicher als das Interesse für diese Bücher: Die

Antwort auf Fragen, die weder die Medizin noch die Psychologie, weder die Philosophie noch die Soziologie (von der Theologie ganz zu schweigen) beantworten kann, suchen, bewußt oder unbewußt, viele Menschen dort, wo immer schon alles Menschliche vergegenwärtigt und gedeutet wurde: in der Literatur. Ob jemand einen Roman schreibt oder liest – er hofft, sich klarzuwerden: über sich selbst, sein Dasein, seine Zeit. Und daß im Leben des Individuums das Sexuelle eine außerordentliche Rolle spielt, wird heutzutage nur von gefährlichen Heuchlern und weltfremden Narren geleugnet. Die Bücher, von denen hier die Rede war, kommen also einem zwar oft verheimlichten und verdrängten, aber dringenden, vollkommen natürlichen und legitimen Bedürfnis entgegen. Es ist nicht das Recht, sondern geradezu die Pflicht der modernen Literatur, diesen Fragenkomplex zu berücksichtigen. Und die Literatur eines Landes, die ihn ignorieren wollte, würde sich damit ihr Urteil sprechen.

Diese Thematik stellt jedoch an die Autoren ungewöhnliche Anforderungen. Stets riskieren sie, daß ihre Absichten gründlich mißverstanden werden; sie haben sich auf verlogene und entrüstete Ablehnung ebenso gefaßt zu machen wie auf Beifall von falscher Seite, sie dürfen verständliche Hemmungen und Vorurteile vieler Leser nicht ganz außer acht lassen. Vor allem aber: Gelingen und Scheitern befinden sich hier immer in erschreckender Nähe. Denn den Schriftsteller bedrohen einerseits Poetisierung, Verklärung und Dämonisierung, andererseits Zynismus und Vulgarität, Schlüpfrigkeit und Frivolität. In Henry Millers Prosa, beispielsweise, reicht die Skala von romantisch-mystischer Sicht bis zur extremen Vulgarität. Schwer hat es also der Künstler, der diesen Lebensbereich weder verzaubern noch entzaubern möchte – und eben das ist wohl wünschenswert und wichtig. Fast scheint es unmöglich, ihm mit Unbefangenheit und Selbstverständlichkeit zu begegnen – jedenfalls hierzulande.

Man darf daher manchen deutschen Autoren nicht verübeln,

daß sie Sexuelles in ihrem Werk aussparen – es genügt, sich das mögliche Ergebnis zu vergegenwärtigen, um ihnen für die Enthaltsamkeit eher dankbar zu sein. Aber es bleibt bedauerlich, daß dieser Fragenkomplex in der deutschen Gegenwartsliteratur nicht in dem ihm gebührenden Maße gezeigt wird. Freilich könnte man auf Wolfgang Koeppen und Arno Schmidt verweisen – nur handelt es sich dabei um Romane und Erzählungen, die fast alle vor mehr als einem Jahrzehnt entstanden sind. Auch Günter Grass muß hier genannt werden. Kein Zweifel, daß seine Bücher Szenen aus der Sexualsphäre enthalten, die mit großem Talent geschrieben sind. Grass' von einem Stich ins Pubertäre nie ganz freie Vorliebe für die Darstellung des Widerwärtigen und Abstoßenden hat es jedoch verursacht, daß in seiner Prosa das Geschlechtsleben als eine ziemlich ekelhafte, zumindest aber wenig attraktive Prozedur erscheint. Ein ähnliches, wenn auch nicht so aggressives und eindeutiges Verhältnis zum Sexuellen ist in manchen Kapiteln der *Halbzeit* von Martin Walser bemerkbar.

Fast könnte man annehmen, es sei die teuflische Absicht dieser Autoren, aus den Deutschen Lesbierinnen und Homosexuelle zu machen, was logischerweise zum raschen Aussterben der Nation führen müßte und den beiden jungen Schriftstellern ohne Zweifel die Dankbarkeit eines nicht geringen Teils der Menschheit sichern würde. Vorerst allerdings ist ein derartiger radikaler Einfluß auf die Lesermassen weder zu befürchten noch zu erhoffen. Hingegen hat wohl der Grass-Erfolg die literarischen Bemühungen mancher jüngerer deutscher Autoren auf eine Bahn gelenkt, die mir bedenklich scheint. Sie versuchen nicht etwa, mannigfaltigen Erscheinungen des Lebens gerecht zu werden, sondern wollen lediglich mit Makabrem und Schockierendem innerhalb des sexuellen Bereichs auftrumpfen. Abstoßendes aus der Feder von Grass will ich mir letztlich – wenn auch oft mit Widerwillen – gefallen lassen. Aber bei seinen Zwerge produzierenden Nachahmern ist das Unappetitliche nun doch zu langweilig.

Vor diesem Hintergrund sollte man das starke Interesse für die *Clique* der Mary MacCarthy sehen – es wird gesteigert durch den Umstand, daß die deutsche Gegenwartsliteratur entweder den Phänomenen der Sexualsphäre überhaupt nicht gewachsen ist oder aber sie ignoriert und vernachlässigt oder, schließlich, sich bemüht, nur das Ekelhafte zu betonen. Und es versteht sich, daß es der bessere Teil des von der deutschen Gegenwartsliteratur enttäuschten Publikums ist, der sich für ein Buch wie *Die Clique* entscheidet. Der andere greift zu Romanen, die sich einer literarkritischen Beurteilung ganz und gar entziehen.

Gewiß: die Behandlung dieser Themen und Motive erfordert vom Schriftsteller nicht nur Geschmack und Takt, nicht nur Talent, sondern auch Mut. Der Künstler, der sich in seinem Werk des sexuellen Bereiches ernsthaft annimmt, wird es wohl kaum vermeiden können, früher oder später in die Nähe des Exhibitionismus zu geraten. Es geht also vor allem um jenen Mut, der nötig ist, um die eigenen Hemmungen zu überwinden. Nur wäre die Frage zu stellen, ob Literatur auf einer gewissen Ebene nicht immer in der Nähe des Exhibitionismus ist und sein muß. Man sollte, glaube ich, den deutschen Autoren zu diesem Mut Mut machen.   (1964)

Verräter, Brückenbauer, Waisenkinder

Die Italiener sagen kurz: »traduttore – traditore«. Sie halten die Übersetzer für Verräter. Cäsar meinte, man liebe zwar den Verrat, aber man hasse den Verräter. Sicher ist, daß man die Übersetzungen braucht, aber die Übersetzer mißachtet. Gelegentlich rühmt man sie als unermüdliche Brückenbauer, die die Klüfte zwischen den Völkern überwinden. Doch in der Regel beschimpft man sie als Stümper. Haben wir es mit den verkannten, den stillen Helden des literarischen Lebens zu tun oder mit Fremdlingen, die man benötigt und duldet, ohne ihnen volle Bürgerrechte zubilligen zu wollen? Gehören sie zu den Märtyrern der holden Wortkunst oder eher zu den frechen Betrügern und dreisten Nichtskönnern? Jedenfalls waren sie immer schon die armen Waisenkinder der Literatur, ihre ewigen Sündenböcke und Prügelknaben.

In keinem Land der Welt werden jedoch die Übersetzer seit Jahrhunderten so beharrlich angegriffen und verspottet, getreten und verleumdet wie in Deutschland. Das spricht nicht unbedingt gegen die Übersetzer. Und noch weniger gegen die zumindest in dieser Hinsicht zu Zornausbrüchen aufgelegte literarische Öffentlichkeit. Vielmehr zeugt es von der deutschen Übersetzungskultur.

Immerhin hat man sich hier häufiger und gründlicher um die Qualität von Übersetzungen gekümmert als in fast allen Ländern der Welt, vor allem in Frankreich und England. Nicht umsonst waren alle großen deutschen Dichter zugleich Übersetzer: Goethe, Schiller, Hölderlin, Büchner, Heine. Eine der bedeutendsten schriftstellerischen Leistungen in deutscher Sprache ist eine Übersetzung – jene, die mit den Worten beginnt: »Am Anfang schuf Gott Himmel und Erde.« Auch sollte man nicht übersehen, daß sich der Held des berühmtesten deutschen Dramas unter anderem als Übersetzer betätigt, wobei mir bemerkenswert scheint, daß derselbe Mann, der nicht die geringsten Bedenken hat, eine Minderjährige mit teuflischer Hilfe zu verführen, als Übersetzer vor lauter (übrigens verständlichen und sympathischen) Bedenken nicht vom Fleck kommt.

Was wirft man den ewigen Prügelknaben vor? »Unsere Übersetzer verstehen selten die Sprache; sie wollen sie erst verstehen lernen; sie übersetzen, sich zu üben, und sind klug genug, sich ihre Übungen bezahlen zu lassen. Am wenigsten aber sind sie vermögend, ihrem Originale nachzudenken. Denn wären sie hierzu nicht ganz unfähig, so würden sie es fast immer aus der Folge der Gedanken abnehmen können, wo sie jene mangelhafte Kenntnis der Sprache zu Fehlern verleitet hat.« Also schrieb Gotthold Ephraim Lessing am 11. Jänner 1759 im vierten der *Briefe die neueste Literatur betreffend.*

Hört man die deutschen Verleger und ihre Lektoren, dann muß man annehmen, seitdem habe sich die Situation eher noch verschlimmert. Die Manuskripte der meisten deutschen Übersetzer seien heutzutage einfach nicht druckbar. Sie müßten im Verlag vollkommen überarbeitet werden. Die Übersetzer behandelt man somit nicht als Urheber literarischer Texte, sondern als Lieferanten von Vorfabrikaten oder als Handwerker. Indes werden sie mitnichten wie Handwerker entlohnt. Ich möchte dem Leser eine komplizierte Kalkulation ersparen und bitte, mir zu glauben, daß in der Bundesrepublik ein Übersetzer anspruchsvoller literarischer Werke, der seine Arbeit ernst nimmt und sorgfältig macht, ihr einen geringeren Stundenlohn verdankt als ein guter Autoschlosser oder Tischler.

Die Verleger bestreiten es in der Regel nicht, behaupten jedoch häufig, auch diese Honorare seien eigentlich noch zu hoch, denn man müsse doch die erheblichen Kosten berücksichtigen, die die erforderliche Überarbeitung verursacht. Also: schlechte Bezahlung für schlechte Leistung. Viele Übersetzer wollen wiederum manche Mängel ihrer Manuskripte mit der Zeitnot rechtfertigen: Bei derartigen Honoraren müßten sie verhältnismäßig rasch arbeiten. Kurzum: die Katze beißt sich in den Schwanz.

Warum erhalten die angeblich so fragwürdigen Übersetzer weiterhin Aufträge, und zwar oft von eben jenen Verlegern, die sich über sie geringschätzig äußern? Denn es gibt – heißt es – keine besseren Übersetzer. Wirklich? Und A und B und C? A, erklärt der Verleger, sei ein Ausnahmefall, und der eine A könne schließlich nicht die ganze alljährliche Produktion des Hauses bewältigen. Einverstanden. B? Die Antwort: Er habe vor drei, vier Jahren tatsächlich gut übersetzt, jetzt unterschieden sich seine Manuskripte kaum von anderen Übersetzungen. Und die bekannten Übersetzer C, D und E? Der Verleger winkt ab. Sie hätten ihren Ruf zu Unrecht, da die gedruckten Exemplare ihrer Übersetzungen vom ursprünglichen Manuskript weit abwichen.

Das Endergebnis: die meisten in Deutschland erscheinenden Übersetzungen sind miserabel oder schwach oder mittelmäßig. »Und nun sagen Sie mir – heißt es im zitierten Brief von Lessing –, ist das deutsche Publikum nicht zu bedauern?« Zu bedauern sind ferner die ausländischen Autoren, deren Bücher oft die hiesigen Leser nicht überzeugen können, weil sie ihnen nur in entstellter Fassung zugänglich gemacht werden. Was tun? Ist es unmöglich, auf diesen beklagenswerten Zustand einzuwirken und ihn zu ändern? Natürlich ist es möglich.

Man glaube nicht den Verlegern, es fehle in den deutschsprachigen Ländern an guten und sogar hervorragenden Übersetzern. Das ist einfach nicht wahr. Nur wollen sie nicht für die schäbigen Honorare arbeiten, die die deutschen Verlage zahlen. Und sie haben es auch nicht nötig. Denn wer wirklich gut zu übersetzen imstande ist, der kann meist mehr als nur dies. Er kann schreiben. Er ist also auf die Übersetzungsarbeit nicht angewiesen. Er verdient sein Brot leichter und schneller und angenehmer als Verfasser von Büchern oder Stücken, beim Funk oder bei der Presse. Sollte es uns nicht zu denken geben, daß die Übersetzungen, die in den letzten Jahren von bekannten Prosaisten (Böll, Hildesheimer, Johnson, Nossack, Schmidt, Weiss) oder Kritikern (Horst, Mayer, Spiel) gemacht wurden, beachtlich oder ausgezeichnet waren?

Es handelt sich also um Geld. Aber nicht nur darum. Ein Verleger, in dessen Haus zahlreiche vorzügliche Übersetzungen publiziert wurden, sagte mir neulich klipp und klar, er beschäftige in vielen Fällen lieber mittelmäßige Übersetzer als die etwas besseren, die er auch haben könne. Der mittelmäßige Übersetzer, den man schon kenne, akzeptiere nämlich ohne Widerspruch alle erwünschten Textänderungen. Das Manuskript des besseren Übersetzers müsse ebenfalls kontrolliert werden; die Zahl der Korrekturen sei zwar kleiner, man habe jedoch kaum weniger Arbeit, weil er sich den Vorschlägen des Lektors oft widersetze, weshalb langwierige Verhandlungen nötig werden. Die Zusammenarbeit mit den begabteren Übersetzern ist also nicht nur kostspieliger, sondern in vielen Fällen auch unbequemer. Daher bilde ich mir nicht ein, daß die Verleger zu einer derartigen Zusammenarbeit freiwillig bereit sein werden. Aber man kann sie dazu zwingen. Wer? Die literarische Öffentlichkeit. Auf welche Weise?

Erforderlich ist die systematische Analyse der Übersetzungen und ihre kritische Bewertung. Ich befürchte jedoch, daß eine ständige Übersetzungskritik in jenen Blättern, in denen sich unser literarisches Leben vor allem abspielt – also in den großen Tages- und Wochenzeitungen –, nicht möglich sein wird, da eine solche Kritik, die sich nicht auf Pauschalurteile beschränkt, mit vielen Zitaten aufwarten muß. Den hierzu notwendigen Platz werden die Zeitungen doch nur in Ausnahmefällen zur Verfügung stellen. Überdies haben wir es mit einer Problematik zu tun, die in erster Linie für die Fachkreise von Interesse ist. Daher sollten sich wohl mit Übersetzungsfragen vornehmlich die Fachzeitschriften befassen: *Neue Rundschau, Akzente, Merkur, Sprache im technischen Zeitalter, Neue Deutsche Hefte.*

Auch die Universitäten könnten und sollten hier helfen. Das von Gustav Korlén geleitete Germanistische Seminar der Stockholmer Universität prüft die schwedischen Übersetzungen deutscher Literatur, bevor sie dort gedruckt werden. Wahrscheinlich wäre eine ähnliche Funktion der bundesdeutschen Universitäten in der Regel leider nicht möglich. Aber bestimmt ließe es sich machen, daß sich die Anglistischen, Romanistischen oder Slawistischen Seminare mit den wichtigeren bereits erschienenen Übersetzungen befassen. Ist das, was uns in deutscher Sprache als William Faulkner angeboten wird, tatsächlich William Faulkner? Hemingway hat auf eine Generation deutscher Schriftsteller einen stilbildenden Einfluß ausgeübt. Wer hat ihn in Wirklichkeit ausgeübt – Hemingway oder seine deutsche Übersetzerin Annemarie Horschitz-Horst? Die Geschichten von Isaak Babel sind in zwei deutschen Übersetzungen zu haben, die sich so sehr voneinander unterscheiden, daß nur eine Babel wiedergeben kann oder keine, nicht aber beide zugleich. Wie ist es darum bestellt? Auch glaube ich, daß zwischen den Dissertationsthemen der Neuphilologen und dem gegenwärtigen literarischen Leben ein enger Zusammenhang bestehen könnte. Die Untersuchung von Übersetzungen scheint mir eine wissenschaftlich dankbare Aufgabe für Doktoranden zu sein, von der die Öffentlichkeit überdies einen unmittelbaren Nutzen hätte.

Die Kritik sollte zu erreichen versuchen, daß die interessierten Kreise – wozu natürlich auch ein Teil des Publikums gehört – zwischen vorzüglichen, nur brauchbaren und schlechten Übersetzungen unterscheiden. Dies könnte wiederum die Verleger davon überzeugen, daß es sich lohnt, in die Übersetzungen mehr Geld zu investieren und nicht nur mit den Routine-Übersetzern zu arbeiten.

Schließlich könnte dies alles bewirken, daß die Übersetzer einen Sinn darin sehen, anständig zu arbeiten. Denn so wie die Dinge jetzt liegen, erhalten die fähigen und verantwortungsvollen Übersetzer kaum mehr Geld und finden kaum mehr Anerkennung als jene, deren Unfähigkeit und Verantwortungslosigkeit die Literaturen fremder Völker verdirbt. Bei Lessing heißt es: »Dergleichen schlechte Übersetzer, als ich Ihnen bekannt gemacht habe, sind unter der Kritik. Es ist aber doch gut, wenn sich die Kritik dann und wann zu ihnen herabläßt; denn der Schade, den sie stiften, ist unbeschreiblich.«   (1965)

Ist das Leichte gleich verächtlich?

Macht der Erfolg einen Schriftsteller verdächtig? Muß der Romancier, der sich der Gunst des Publikums erfreut, ein schlechtes Gewissen haben? Ist es mit der Würde eines Künstlers unvereinbar, Bücher zu schreiben, die sich auch für die Eisenbahnlektüre eignen? Sollten wir von dem Autor, der dem Unterhaltungsbedürfnis der Leser entgegenkommt, erwarten, daß er sich schämt? In der angelsächsischen oder romanischen Welt mögen solche Fragen geradezu unsinnig scheinen. In Deutschland sind sie leider, befürchte ich, weder abwegig noch überflüssig. Das hat nichts mit der Qualität der deutschen Literatur zu tun, wohl aber mit der ihr seit alters her zugewiesenen Rolle.

Nichts liegt mir ferner, als etwa über den ehrwürdigen Traum von der »heil'gen deutschen Kunst« herzuziehen. Da gibt es nichts zu spotten. Ihm verdanken wir unendlich viel. Die Sehnsucht nach dem erhabenen und erlösenden Wort hat jedoch hierzulande eine hochmütige Geringschätzung jener Literatur zur Folge gehabt, die sich damit begnügte, für den täglichen Bedarf des Publikums zu sorgen. Das vom Bildungsehrgeiz getriebene deutsche Bürgertum des vergangenen Jahrhunderts suchte einen Nachfolger für den verwaisten Thron von Weimar. Es schmachtete nach Dichterfürsten. Aber es weigerte sich, das schriftstellerische Handwerk zu respektieren. Es träumte vom edlen Sänger, der auf der Menschheit Höhen wohnen sollte. Aber vom Literaten wollte es nichts wissen. Und während die Engländer und Franzosen ihren großen Unterhaltungsautoren – denn was anderes waren Balzac oder Dickens? – im Poetenhimmel die ehrenvollsten Plätze zuwiesen, wurde in Deutschland der Begriff »Unterhaltungsliteratur« fast zum Schimpfwort. Der Unterdrückung des Eros durch die christlichen Kirchen entsprach nun die mit fataler Konsequenz angestrebte Verketzerung des Amüsements durch das Bildungsbürgertum.

Auf die Dauer läßt sich jedoch das Amüsement nicht fortjagen. Gewaltsam vertrieben, kommt es durch die Hintertür wieder hinein. Kein Zweifel, wenn sich die Schriftsteller dem Geschmack der Leser unterwerfen, kann es um die Literatur nicht gut bestellt sein. Wo indes andererseits die künstlerisch anspruchsvolle Literatur glaubt, das Publikum ignorieren zu dürfen, schlägt die große Stunde der Pseudokunst. Es triumphiert der bare Schund. Statt nach des Tages Arbeit das Land der Griechen mit der Seele zu suchen, wie es das akademische Bildungswesen vom deutschen Leser erwartete, warf er sich an den Busen der Eugenie Marlitt und später der Hedwig Courths-Mahler. Und floh zu Ganghofer oder zu Karl May. So wurde Deutschland die klassische Heimat des Kitsches. Der Bann, mit dem man die unterhaltende Funktion der Literatur im 19. Jahrhundert belegt hat, lastet auf einem beträchtlichen Teil der deutschen Kritik bis heute, von der Universitätsgermanistik ganz zu schweigen. Das Amüsante gilt als unseriös, dem Charme mißtraut man, das Leichte hat es schwer, das Spannende wird als dubios empfunden und das Witzige als undeutsch denunziert. Fontane erzählte amüsant, leicht und spannend, mit Charme und Witz. Weder schrieb er mit dem Rücken zum Publikum, noch hat er sich an der Kunst versündigt. Die Folge? Ein halbes Jahrhundert lang ist er von der offiziellen deutschen Literaturwissenschaft wenig beachtet oder geradezu abgewertet worden. Bis zum Zweiten Weltkrieg stammten die Fontane-Monographien fast ausnahmslos von Einzelgängern und Außenseitern. Und es scheint mir kein Zufall zu sein, daß die bedeutendsten Arbeiten über Fontane – von Lukács bis Demetz – außerhalb Deutschlands entstanden sind.

Bringt also das Kurzweilige den deutschen Autor in Verruf? Nein, das wäre natürlich übertrieben. Aber das Langweilige, das sich würdig gibt, hat in Deutschland immerhin die größere Chance, ernst behandelt zu werden. Sogar die schwächsten expressionistischen Hymniker werden respektvoll analysiert. Die Beschäftigung mit den Versen Erich Kästners überläßt man hingegen lieber dem Ausland. Gewiß, sie werden heutzutage auch von deutschen Literarhistorikern nicht ignoriert und in der Regel wohlwollend erwähnt, doch meist in jenem herablassenden Ton, der dem Leser zu dem Schluß verhelfen soll, es handle sich um Erscheinungen am Rande dessen, was man als Literatur zu betrachten gewohnt sei. Im Hintergrund lauert ein nahezu tödlich gemeintes Wort: Kabarett.

Ein anderes Beispiel: die Romane Friedrich Dürrenmatts. Sie finden unzählige Leser und wenige Kritiker. Nicht einmal der Weltruhm seiner Bühnenstücke vermochte diese Romane für die Literaturbetrachtung salonfähig zu machen. Schon im Jahre 1955 schrieb Dürrenmatt: »Die Literatur muß so leicht werden, daß sie auf der Waage der heutigen Literaturkritik nichts mehr wiegt: Nur so wird sie wieder gewichtig.« – Ist dieses Bekenntnis zur Leichtigkeit als Programm zu verstehen? Wohl eher als Protest gegen eine Kritik, die vergißt, für wen Bücher und Stücke bestimmt sind: für das Publikum. Bei Brecht wiederum findet sich der Satz: »Seit jeher ist es das Geschäft des Theaters, wie aller andern Künste auch, die Leute zu unterhalten.« Und da Brecht die Provokation liebte, fügte er gleich hinzu: »Dieses Geschäft verleiht ihm immer seine besondere Würde.«

Wer Brecht hier folgen will, muß zu dem Ergebnis kommen, daß eine der wichtigsten Aufgaben der Kritik darin besteht, zu prüfen, ob die Literatur unserer Zeit die Leute unterhalten kann; und ob das, was die Leute in unserer Zeit unterhält, Literatur ist. Wenn wir eine solche, freilich sehr schwierige Fragestellung – denn was unterhält eigentlich wen? – ausklammern oder auch nur vernachlässigen, riskieren wir, daß die Kluft, die die zeitgenössische Literatur, die deutsche zumal, von ihren potentiellen Abnehmern trennt, immer größer werden wird. Der übliche Einwand, moderne Kunst könne meist nur für eine Minderheit verständlich sein, weshalb diese Kluft unvermeidbar sei, ist natürlich richtig. Daß sie sich aber verringern läßt, ohne daß die Kunst an sich selber

Verrat begeht, und daß hierzu gerade die Kritik viel beitragen kann, scheint mir ebenso sicher.

Wir riskieren ferner, daß die Literatur ihren traditionellen Wirkungsbereich verliert, weil es dem enttäuschten oder überforderten Leser heute leicht gemacht wird, auf das Buch zu verzichten: Er hat die Möglichkeit, ganz und gar zu anderen und nicht unbedingt verächtlichen oder minderwertigen Formen der Unterhaltung überzugehen. Dieser Prozeß ist längst im Gange. Noch werden allerdings in Deutschland Bücher nicht nur geschrieben und gedruckt, sondern mitunter auch gelesen. Indes: sind es dieselben Bücher, über die wir uns in den Literaturblättern und Zeitschriften verbreiten? Auf einige Titel jährlich trifft dies bestimmt zu. Aber eben nur auf einige. Sonst gehen die Wege von Kritik und Publikum auseinander. Was die Kenner beschäftigt, findet dank intensiver Werbung zwei- bis dreitausend Leser, nein, seien wir vorsichtiger, zwei- bis dreitausend Käufer. Und was Hunderttausende genießen, kümmert die Kenner nicht.

»Du könntest in Gefahr kommen, nur für Gelehrte zu dichten!« – warnte Friedrich Schlegel seinen Bruder August Wilhelm. Und aus der Zeit des »Jungen Deutschland« stammt das böse Wort, es sei das Schicksal der deutschen Literatur, »geschrieben zu werden von Literaten für Literaten«. Ich habe nichts gegen eine Dichtung für Gelehrte. Überflüssig ist sie nicht. Ich liebe vieles, was Literaten für Literaten schreiben. Und ich möchte es auf keinen Fall missen. Was schließlich jene produzieren, die Avantgardisten von Beruf sind, stört mich nicht. Soll jedoch eine solche bisweilen interessante, oft unlesbare und immer esoterische Literatur tatsächlich vorherrschen? Wir können, denke ich, nicht oft genug daran erinnern, daß es das Geschäft der Künste ist, »die Leute zu unterhalten«. Auch der modernen Künste.   (1965)

Gegen die linken Eiferer

Mit der gerade noch zulässigen Verspätung von fast einem halben Jahr – und dennoch im richtigen Augenblick – hat Heinrich Böll in Stockholm seine Nobelpreis-Rede gehalten. Es ist ein »Versuch über die Vernunft der Poesie«, der sich selber als ein poetisches und zugleich, den clownesken Zügen zum Trotz, als ein sehr vernünftiges Prosastück erweist.

Nur vernünftig? Ich weiß, diese Vokabel steht im Deutschen nicht hoch im Kurs: Sie klingt brav, bieder und hausbacken, ordentlich und glanzlos. Denn Vernunft versteht sich in Deutschland von selbst – und ist wahrscheinlich eben deshalb so selten. Daher gehört es zu den Aufgaben der Schriftsteller, immer wieder an die Vernunft zu appellieren, bisweilen an Elementares zu erinnern und sich, wo nötig, nicht zu scheuen, auch pure Banalitäten auszusprechen.

Dieses Risiko nimmt Bölls skurril-humorvolle und sehr ernste Rede auf sich. Sie ist leger und lässig in der Form und so einfach wie bitter im Inhalt. Böll beschäftigt sich mit der neuen Kunstfeindschaft und sein Ton ist, zumal gegen Ende, alarmierend.

Entrüstet protestiert er gegen die »scheinbar antiimperialistischen Versuche, die Poesie, die Sinnlichkeit der Sprache, ihre Verkörperung und die Vorstellungskraft ... zu denunzieren«, gegen jene also, die sich unentwegt bemühen, »die Poesie auf den Abfallhaufen zu verweisen und alle Formen und Ausdrucksarten der Kunst dazu«. Er wendet sich gegen »die falsche Alternative«, die auf der einen Seite die Information und die Agitation sieht und auf der anderen die Poesie und die Kunst. »Man kann nicht die Kraft der Mitteilung von der Kraft des Ausdrucks, den diese Mitteilung findet, trennen« – das ist, zugegeben, eine sehr triviale Mahnung, die mir jedoch heutzutage und hierzulande keineswegs überflüssig scheint.

»Viel Pfäffisches«, meint Böll, sei in den »neuen Katechis-

men«, »wo von einzig richtigen und wahrhaft falschen Aus-
drucksmöglichkeiten gesprochen wird«. Er halte es für »beinahe selbstmörderisch, wenn wir immer noch und immer
wieder die Teilung in engagierte Literatur und die andere
überhaupt diskutieren«. Denn zum Widerstand, den die Literatur leisten könne, gehörten auch »die Sinnlichkeit, die Vorstellungskraft und die Schönheit«, ja, die Schönheit sei
ebenso fähig, den Menschen zu befreien wie der mitgeteilte
Gedanke.

Vor »der Zerstörung der Poesie« warnt Böll und »vor der
Bilderstürmerei eines, wie mir scheint, blinden Eiferertums,
das nicht einmal das Badewasser einlaufen läßt, bevor es das
Kind ausschüttet«. Aber nicht darum geht es ihm, daß manche, »um einen asketischen Weg der Veränderung zu wählen,
auf Kunst und Literatur verzichten«, sondern darum, daß sie
allen die Kunst und die Literatur wegnehmen möchten.

Hiermit trifft Böll ein charakteristisches und nicht ungefähr-
liches Phänomen der gegenwärtigen Kultursituation. Reden
wir offen, und machen wir uns nichts vor: Die Kunstfeindschaft, die sich hierzulande und in diesen Jahren rasch und auf
höchst bedenkliche Weise ausgebreitet hat, kommt leider von
links oder, richtiger gesagt, von solchen, die sich, meine ich,
zu Unrecht als »Linke« bezeichnen.

Wichtigtuer und Nichtskönner, die sich natürlich fortwäh-
rend auf Marx und Lenin berufen, und verwöhnte und
gelangweilte Sprößlinge der Wohlstandsgesellschaft, die sich
den Kommunismus und womöglich die Weltrevolution als
pikante Freizeitbeschäftigung auserwählt haben, als Hobby
mit nur geringem Risiko, wollen Kunst und Literatur lediglich dann gelten lassen, wenn sie sogleich und unmittelbar zur
angestrebten Weltveränderung beitragen können.

Sie fühlen sich sehr fortschrittlich und überaus rebellisch und
ahnen nicht einmal, daß die Hoffnungen, die sie mit einer für
den politischen Kampf schnell umfunktionierten Literatur
verbinden, weltfremd und übrigens antimarxistisch sind und
von einer rührenden Naivität zeugen: Sie repetieren urdeut-

sche und sehr bürgerliche Romantizismen. Statt der imprägnierten Windjacken von vorgestern mögen sie flotte und fesche Lederjacken tragen; aber das jetzt moderne Kostüm kann über die anachronistische Wandervogel-Mentalität der Pseudorebellen nicht hinwegtäuschen.

Die Folgen sind komisch und traurig zugleich: Während man sich jenseits der Elbe letztlich sehr deutlich von der proletarischen Kunst entfernt und diese nur noch als eine Entwicklungsphase verstehen will, versuchen manche in der Bundesrepublik die Literatur der Gegenwart auf das Agitpropniveau der späten zwanziger Jahre zurückzuschrauben: Was die Künstler in der DDR fast schon und glücklicherweise überwunden haben, das wird uns hier als zukunftsträchtige Proletkunst und als smarter Klassenkampf mit echt plebejischem Aroma offeriert.

Natürlich hat das schon gewisse Vorteile, denn besonders anzustrengen braucht man sich dabei nicht: Um solche Vokabeln wie »Kapitalismus« oder »Ausbeutung« ranken sich die Sätze wie von selbst. Und man muß ja nicht Hegel kennen, um bei jeder Gelegenheit das Zauberwort »Dialektik« wie einen Joker im Kartenspiel zu gebrauchen. Man muß auch nicht unbedingt Marx oder Engels gelesen haben, um mit den Begriffen »bürgerlich« und »proletarisch« wie mit einer Peitsche und mit einer Fahne herumzufuchteln.

Aber siehe: Der Klassenkampf ernährt seinen Mann – jedenfalls im bundesrepublikanischen Kulturleben. Wer in diesem Land ein Schriftsteller sein will, doch nicht schreiben kann, der wendet sich geradezu automatisch der Gesellschaftskritik zu. Wer nicht erzählen kann, der erzählt vom Alltag der Arbeiter – das macht sich bezahlt. Wer über die Liebe und die junge Generation so gut wie nichts zu sagen hat, der spricht (ich zitiere einen neuen Buchtitel) von »Klassenliebe« – und wird prompt beachtet und sehr ernst genommen. Und wer vollkommen unfähig ist, der präpariert Collagen und Montagen und erklärt uns, nur in ihnen könne sich die Epoche spiegeln. Nicht Kunst und Literatur seien wichtig, hören wir

immer wieder, sondern Dokument und Protokoll. Und so
weiter.

Zu diesem Klima der militanten und düsteren Kunstfeindschaft hat einiges jene berühmte *Kursbuch*-Nummer beigetragen, in der vor bald fünf Jahren der angebliche Tod der
Literatur in bester Laune verkündet wurde. Erfreulich allerdings und sehr charakteristisch, daß der Herausgeber des
Kursbuch, Hans Magnus Enzensberger, seine und seiner Mitarbeiter Thesen und Empfehlungen am wenigsten zu befol-
gen bereit war: Den von ihm ausgestellten Totenschein mun-
ter ignorierend, schrieb er neue Gedichte und keineswegs
politische und auch gar nicht üble.

Sollte es etwa so sein, daß derartige Tendenzen Schriftstellern
mit Talent – wie eben Enzensberger – in der Regel nichts
anhaben können? Das mag schon sein. Aber wer wird es
wagen zu behaupten, daß dies auch für Anfänger gilt? Daß sie
sich nicht verleiten lassen?

Vor allem: Es geht hierbei in erster Linie gar nicht einmal um
Autoren, sondern um jene, die es besser wissen müßten als
die fanatischen Bilderstürmer und die dennoch diese dumpf-
borniertе Politisierung der Literatur, diese unter pseudorevo-
lutionären Vorzeichen stattfindende, doch in Wirklichkeit
reaktionäre Kunstfeindschaft mitmachen und sogar organi-
sieren – nämlich die Leiter, Verwalter und Multiplikatoren
des Kulturlebens.

Ich meine die beflissenen Dramaturgen und Verlagslektoren,
die so oft Literatur mit Ideologie verwechseln, die Rundfunk-
und Fernsehredakteure, die auf ihrer krampfhaften Suche
nach dem Aktuellen meist nur beim Modischen landen, die
hilflosen und verwirrten Feuilletonchefs, die sich einreden
lassen, die Kunst sei endgültig passé, die Kritiker, die jedes
Buch und jedes Stück hochloben, wenn nur die Worte
»Arbeiter« und »Klassenkampf« häufig genug vor-
kommen.

Ich meine ferner die für Kultur zuständigen Abteilungsleiter
und Referenten in den Ministerien und Stadtverwaltungen.

Und ich meine auch und nicht zuletzt die von ihren Studenten eingeschüchterten Professoren der Germanistik, die statt Hölderlin und Novalis nur noch die (leider meist so mäßigen) Poeten von 1848 interpretieren und die auf Kafka und Thomas Mann verzichten, um die frühe Periode im Werk von Willi Bredel (der ein wackerer Kommunist und ein sehr dürftiger Erzähler war) andächtig zu untersuchen.

Das alles hat dazu geführt, daß wir, die wir immer schon für das Engagement der Dichtung waren und die wir die Gesellschaftskritik in der Literatur für etwas Selbstverständliches hielten und halten, das Wort »Gesellschaftskritik« nicht mehr verwenden können, und daß wir uns mit Widerwillen von jenen abwenden müssen, die meist Konjunkturritter sind und jedenfalls im Kulturleben dieses Landes zur Zeit den größten Lärm machen. *Noch* den größten Lärm machen.

An sie richtet sich Heinrich Bölls warnende Nobelpreis-Rede. Sehr möglich übrigens, daß sie sich als eine Art Abschluß dieser ganzen Phase erweisen wird. Denn zu mir ist – ich will das den Lesern nicht vorenthalten – ein Gerücht gedrungen: Die Zeit der Kunst und der Literatur, heißt es, sei wieder im Kommen. In der Tat gibt es dafür allerlei Anzeichen.   (1973)

Erfolg und Ruhm

Erfolg und Ruhm sind Kategorien, über die sich viele Schriftsteller gern skeptisch und auch spöttisch äußern. In der Tat: Was bedeutet schon der große Verkaufserfolg eines Buches? Oft läßt er nicht das Talent des Autors erkennen, sondern seine Bereitschaft und Fähigkeit, dieses Talent zu verraten und allerlei Zugeständnisse zu machen, oft zeugt er eben nicht von der Qualität eines literarischen Werks, sondern nur vom Geschmack des Publikums. Natürlich hängt die Höhe der Auflage eines Buches heute mehr denn je auch von der Tüchtigkeit des jeweiligen Verlages ab und von den Mitteln, die er in die Werbung investiert.

Dennoch fällt es auf, daß sich Autoren ihrer eigenen Publikumserfolge keineswegs schämen und keineswegs geneigt sind, sie etwa auf die Werbung oder gar auf den schlechten Geschmack der Leser zurückzuführen. Den Erfolg verachten, scheint es, nur diejenigen, denen er versagt bleibt.

Anders ist es um den Ruhm bestellt. Über ihn beklagen sich vor allem jene, die ihn genießen dürfen. Wahr ist, daß der Ruhm anstrengend sein kann: Man muß sich um ihn kümmern, damit er nicht verkümmert. Er will gehegt und gepflegt, organisiert und verwaltet sein. Überdies zieht er nach sich, was nicht immer bequem ist: Verantwortung.

Aber von der Auflagenhöhe eines Schriftstellers kann man noch nicht auf seinen Ruhm schließen und von seinem Ruhm nicht auf die Auflagenhöhe. Das beweisen erneut einige Zahlen, die von dem Fachmagazin *Buchreport* ermittelt und in diesen Tagen publiziert wurden. Es handelt sich um den nachweisbaren Verkaufserfolg mehrerer prominenter Autoren in einem Zeitraum von sechs Jahren (1969 bis 1974 einschließlich). Geprüft wurde die Gesamtauflage in deutscher Sprache, also zusammen mit den Taschenbüchern und den Sonderausgaben, allerdings ohne die Buchgemeinschaftsausgaben.

Günter Grass, in nahezu allen Umfragen vor, neben oder nach Heinrich Böll als der bekannteste deutsche Schriftsteller der Gegenwart genannt, hat in dieser Zeit eine Auflage von rund 350 000 Exemplaren erreicht. Ein schöner Erfolg, ganz gewiß. Vergleicht man ihn jedoch mit den Absatzzahlen anderer Autoren, dann wirkt er eher bescheiden.

So beträgt Peter Handkes Gesamtauflage im selben Zeitraum rund 540 000. Siegfried Lenz, der seit seiner *Deutschstunde* (1968) in außergewöhnlicher Gunst wenn auch keineswegs der Kritiker, so doch der Leser steht, hat seinen Kollegen

Grass längst überrundet: Von Lenz wurden im selben Zeitraum rund 1 120 000 Exemplare gedruckt, also mehr als das
Dreifache der Grass-Auflage. Böll war noch erfolgreicher: Er
erzielte 1 450 000. Bemerkenswert, daß trotz des Nobelprei-
ses sein Vorsprung vor Lenz gar nicht so gewaltig ist.

Doch keiner dieser Autoren kann mit dem Liebling der deutschen (richtiger: der bundesdeutschen) Nation konkurrieren.
Ja, sie alle vier zusammen können es nicht: Während die Auflage von Böll, Lenz, Handke und Grass nicht einmal dreiein-
halb Millionen ausmacht, kann sich Johannes Mario Simmel
im selben Zeitraum einer Auflage von rund 7 600 000 Exemplaren rühmen.

Man vergegenwärtige sich einmal diesen Sachverhalt: Auf
zweiundzwanzig Buchexemplare von Simmel kommen etwa
vier von Böll und nur drei von Lenz und lediglich ein einziges
von Grass. Dennoch dürfte Grass in der allgemeinen Vorstel-
lung der Leserschaft vor Lenz und vor Handke und zumindest in der Nähe von Böll rangieren – und auf jeden Fall weit
vor Simmel.

Was geht daraus hervor? Zunächst einmal: Auflagenhöhe und
Ruhm decken sich eben nicht. Der sicherlich vorerst nachlas-
sende, doch nach wie vor bestehende Ruhm von Grass rührt
zu einem Teil von seinen Ende der fünfziger und Anfang der
sechziger Jahre erschienenen Büchern *Die Blechtrommel*,
Katz und Maus und *Hundejahre*. Aber er profitiert nicht nur
von den Zinsen, die das Kapital der Vergangenheit abwirft.
Ihm gelingt es auch immer wieder, die Öffentlichkeit auf sich
aufmerksam zu machen. Mit effektvollen Ansprachen, mit
offenen Briefen, mit Auftritten im Fernsehen, mit extremen,
oft provozierenden Vorschlägen oder Forderungen und mit
spektakulären Stellungnahmen zu aktuellen Fragen sorgt
Grass dafür, daß er stets im Gespräch bleibt.

Simmel wird zwar, ob es uns gefällt oder nicht, von Millionen
gelesen und ist dennoch als Person so gut wie unbekannt. Bei
Grass ist es wohl gerade umgekehrt: Seine Leserschaft scheint
nicht mehr übermäßig groß, doch als Figur der Zeitgeschichte

hat er – wiederum: ob es uns gefällt oder nicht – einen wichtigen und fest umrissenen Platz im Bewußtsein des Publikums. Er ist nach wie vor ein berühmter Mann.

Während niemand wissen möchte, wie Simmel die Ostpolitik, das Problem der Schwangerschaftsunterbrechung oder den Fall Wolf Biermann beurteilt, muß sich Grass, will er seine Rolle in der Gesellschaft und seine Position in der Öffentlichkeit aufrechterhalten, zu diesen und anderen Angelegenheiten äußern. Fragt sich nur, wozu er seinen Ruhm gebraucht, wie er also die Verantwortung trägt, die Simmel gar nicht hat.

Um es kurz zu sagen: Seine letzten Interventionen müssen jene beunruhigen, die diesen bedeutenden Vertreter der deutschen Gegenwartsliteratur nicht nur schätzen, sondern ihm auch die Treue halten möchten. Was man früher bei Grass bewunderte und was ihm übrigens nicht wenige Feinde einbrachte, muß man jetzt leider vermissen: seine praktische Vernunft.

Grass schlug der Büchergilde Gutenberg eine zwanzigbändige Arbeiterbibliothek vor und forderte die emigrierten sowjetischen Schriftsteller auf, lieber auf die Zeitschrift *Kontinent* zu verzichten, als sie im Propyläen-Verlag erscheinen zu lassen, da dieser dem Springer-Konzern gehört.

Die Frage, ob die Arbeiter die von ihm genannten Werke von Grimmelshausen und Lichtenberg, von Freud und Kolakowski zu lesen bereit und zu verstehen imstande sind, kümmerte ihn ebensowenig wie die Situation der sowjetischen Schriftsteller, denen ihre eigenen schmerzhaften Probleme ungleich wichtiger sind als alle innerdeutschen Querelen.

Beide Interventionen – für die Arbeiterbibliothek und gegen die Zeitschrift *Kontinent* – haben einen gemeinsamen Nenner. Und es ist überraschenderweise jener Umstand, der Grass mit dem Auflagenmillionär Johannes Mario Simmel verbindet. Gewiß, dieser ist ein Produzent literarischer Konfektion, jener ein großer Epiker und Lyriker. Aber wie das

Bild der bundesdeutschen Welt, das die Romane Simmels entwerfen, im Grunde nichts mit dem gemein hat, was sich in diesem Land abspielt, so beweisen auch die spektakulären Warnungen und Postulate des Günter Grass, daß ihm letztens immer häufiger der Sinn für die Wirklichkeit fehlt.

Die deutsche Trivialliteratur – ob nun die Marlitt oder Simmel – zeichnete sich immer durch eine sei es unbewußte, sei es bewußt angestrebte Weltfremdheit aus. An einer keineswegs angestrebten, doch offenbar unvermeidbaren Weltfremdheit litt sehr oft auch die deutsche Dichtung.

Daß uns die öffentlichen Interventionen des Günter Grass an diese bittere und fatale Tradition erinnern werden – wer hätte dies gedacht.   (1974)

Deutsche Literatur heute

Die Vorliebe für Ich-Erzählungen

Die meisten im Jahr 1963 erschienenen Romane deutschsprachiger Autoren der jüngeren und mittleren Generation sind Ich-Erzählungen. Das trifft auf die neuen Bücher von Böll, Grass und Lenz ebenso zu wie auf die Erstlinge von Thomas Bernhard, Peter Faecke und Paul Nizon. Das gilt für die epischen Versuche von Schweizern (wie etwa Jürg Federspiel) und Österreichern (wie etwa Peter von Tramin) ebenso wie für diejenigen der Schriftsteller aus der Bundesrepublik (wie etwa Ernst Augustin). Die Elbe scheidet die Geister in dieser Hinsicht nicht: Die wichtigeren 1963 in der DDR veröffentlichten Romane (z. B. *Der geteilte Himmel* der Christa Wolf und Manfred Bielers *Bonifaz*) sind ebenfalls Ich-Erzählungen.

Es besteht jedoch, könnte man sogleich einwenden, kein Anlaß, verwundert zu sein. Schließlich seien ja fast alle bedeutenden deutschen Romane der fünfziger Jahre – von dem *Erwählten* und dem *Felix Krull* über den *Stiller* und den *Homo Faber* bis zur *Blechtrommel* – auch Ich-Erzählungen gewesen. Mithin hätten wir es im Jahre 1963 lediglich mit der Intensivierung und Steigerung einer längst sichtbaren Vorliebe deutscher (und natürlich nicht nur deutscher) Schriftsteller zu tun. Ist das richtig? Handelt es sich wirklich um eine begründete Vorliebe? Oder vielleicht um eine bedenkliche Mode?

Der Romancier des 19. Jahrhunderts habe sich, heißt es, göttliche Attribute zuerkannt. Ein Weltschöpfer wollte er in der Tat sein. Er glaubte, die ganze Szene überblicken zu müssen

und überblicken zu können. Er bildete sich ein, frei über
seine Figuren verfügen zu dürfen. Er maßte sich an, alle ihre
Taten und Empfindungen zu kennen, alle ihre Gedanken zu
durchschauen. Und ob er wie ein Gott waltete oder nicht –
sicher ist, daß er das Dasein für erkennbar hielt. Und das
Erkennbare für erzählbar. Diese Überzeugung geht dem
modernen Romancier ab. Balzac, Tolstoj und Fontane ver-
wandelten das Leben in deutliche und übersichtliche epische
Landschaften. Proust, Kafka und Joyce, André Gide, Virginia Woolf und Faulkner hielten es hingegen für ihre künstlerische Pflicht, epische Landschaften zu entwerfen, die der
Undeutlichkeit und der Unverständlichkeit des Lebens
gerecht werden sollten. Die einen beweisen, daß sich alles
darstellen und daher auch deuten läßt. Die anderen zeigen,
daß sich vieles nicht darstellen und kaum ahnen läßt. Die
einen lösen Gleichungen auf, die anderen demonstrieren, daß
die Gleichungen nicht aufgehen. Balzac war ein göttlicher
Optimist. Wer würde kühn genug sein, dies Joyce nachzu-
sagen? Tolstoj richtete sein Wort an die ganze Menschheit. Kafka wollte seine Hauptwerke nicht einmal drucken
lassen.

Dem veränderten Verhältnis zum Leben entspricht die veränderte Perspektive. Dem modernen Erzähler, der sich der
Grenzen seiner Möglichkeiten bewußt wird, muß die souve-
räne Manier des allgegenwärtigen und allwissenden, allum-
fassenden und allmächtigen Autors fragwürdig und verdächtig, wenn nicht gar lächerlich und verlogen erscheinen. In der
Omnipräsenz und der Omnipotenz, die seine klassischen
Vorgänger für ihre selbstverständlichen Privilegien erachte-
ten, sieht er nicht mehr als eine veraltete, etwas rührende
Konvention und eine heute nicht mehr erträgliche Fiktion. Er
verzichtet freiwillig auf eine Macht, die, wie er meint, auf
einem leichtsinnigen und naiven Trugschluß beruhte. Er
schränkt also die Perspektive ein – oft auf die Erfahrungen
und Erlebnisse einer einzigen Gestalt, die er nicht mit der
Fähigkeit ausstattet, das menschliche Dasein zu begreifen, die

Zusammenhänge zu durchschauen. Er bezieht alles auf dieses eine Individuum oder schildert nur das, was von ihm wahrgenommen werden könnte. Der Autor versteckt sich hinter dem Rücken seines Helden oder seines Ich-Erzählers. In vielen Fällen bedeutet das ein und dasselbe.

Auf diese Weise war ein großer Teil der Prosa unseres Jahrhunderts zu jener fundamentalen Sicht der Epik zurückgekehrt, die seit der *Odyssee* immer wieder als besonders modern entdeckt wird. Von einer Überwindung der Fiktion kann allerdings nicht die Rede sein: Wie die Perspektive des auf seine Allmacht bestehenden Romanciers eine Konvention war, entspricht in nicht geringerem Maße auch die Haltung des Ich-Erzählers einer altehrwürdigen literarischen Konvention, die indes – und nur das ist entscheidend – unserem Weltgefühl eher angemessen scheint. Anders ausgedrückt: Die Objektivität des traditionellen Romanciers, der das dargestellte Geschehen genau begreift und uns alles zu erklären vermag, beruhte natürlich auf einer Fiktion. Die einseitige Perspektive des modernen Romanciers, der uns über die Vorgänge in seinem Buch im Ungewissen läßt, der vorgibt, die von ihm erfundenen Gestalten nicht genau zu kennen und lediglich Vermutungen über die Geschehnisse und Personen äußert, muß sich im Endergebnis ebenfalls als eine Fiktion erweisen. Aber diese bescheiden und resigniert anmutende Fiktion scheint heute, zumal nach den Erlebnissen, die unserer Generation in den letzten beiden Jahrzehnten zuteil wurden, eher annehmbar zu sein.

Der auffälligen Vorliebe der meisten deutschen Schriftsteller unserer Zeit für die Ich-Erzählung können also triftige Gründe nicht abgesprochen werden. Was jedoch bei Böll, Frisch und Nossack, Grass, Walser und Weiss ein legitimes, sinnvoll und oft auch vortrefflich angewandtes Ausdrucksmittel der Epik ist, wird bei vielen ihrer Nachahmer zur billigen Mode, zum primitiven Kompositionstrick und zur Masche, die sich jeder leisten kann. Denn von allen Eigentümlichkeiten des zeitgenössischen Romans läßt sich keine leichter imitieren als sein Hang zum Monologischen; von allen Kunstgriffen der modernen Epik läßt sich keiner einfacher nachmachen als die Perspektive des Ich-Erzählers. Und keiner wird, meine ich, häufiger mißbraucht. Autoren, die sich offenbar der Möglichkeiten dieser Erzählhaltung kaum bewußt sind, scheinen anzunehmen, sie sei besonders geeignet, ihre schriftstellerischen Schwächen zu bemänteln oder gar zu rechtfertigen. Intellektuelle Dürftigkeit, Banales und Fades, Pathos und Sentimentalität, Oberflächlichkeit und Langeweile, unbeholfener, parfümierter oder lederner Stil, chaotische Komposition und viele andere Mängel werden von fahrlässigen und törichten Romanciers ihren vorgeschobenen Ich-Erzählern zur Last gelegt: Ihr geistiges Format und ihre psychische Konstruktion, ihre Unbildung und ihr schlechter Geschmack sollen für alles, was der Leser ertragen muß, verantwortlich sein.

Einer bekannten Definition von Goethe zufolge ist der Roman »eine subjektive Epopöe, in welcher der Verfasser sich die Erlaubnis ausbittet, die Welt nach seiner Weise zu behandeln. Es fragt sich also nur, ob er eine Weise habe...« Das gilt auch für den Roman unserer Zeit – mögen es Er- oder Ich-Erzählungen sein. Die Existenz des Ich-Erzählers darf uns nicht den Umstand verdecken, daß viele Autoren keine Weise haben, die Welt zu behandeln. Der Germanist Wolfgang Kayser schrieb einmal: »Wir wollen nicht zurück zu der behaglichen Allwissenheit des Erzählers aus dem 19. Jahrhundert und seiner Vertraulichkeit mit dem lieben Leser... Aber mit dem ersten Wort, das der Romanschreiber setzt, schafft er eine Welt und schafft sie sich durch ihn.«

Ob der heutige Romancier die epische Allmacht beansprucht oder sich ihrer entledigt, ob er einen Ich-Erzähler einführt oder nicht – von der Pflicht, gute Prosa zu schreiben und eine Welt zu schaffen, können wir ihn nicht entbinden. Und warum sollten wir es?   (1964)

Untergang der erzählten Welt?

Wird die Belletristik im technischen Zeitalter nur ein Schattendasein führen können? Sollte es tatsächlich zutreffen, daß sie im Wettbewerb mit Wissenschaft und Publizistik verkümmern und schließlich unterliegen muß? Geht etwa die erzählte Welt, die es immerhin seit der Bibel und seit Homer gibt, ihrem Ende entgegen? Sind also Geschichten überflüssig geworden, ist der Roman schon ein Anachronismus, die Novelle längst ein Relikt? Alle sprechen davon – zumindest alle, die glauben, die Belletristik sei doch nicht ganz entbehrlich. Oder solche, die glauben ohne Literatur nicht leben zu können. Es wird viel vermutet und befürchtet, manches verwirrt und nichts bewiesen. Seit Kassandra sind düstere Prophezeiungen billig zu haben. Da kann jeder ohne Risiko mitmachen. Das Wort »Krise« hört nicht auf, modern zu sein. Vor allem redet man von der Krise jenes Erzählens, das als das »herkömmliche« bezeichnet wird. Nur fällt mir auf, daß sich über dieses Thema am liebsten diejenigen verbreiten, die sich selber als Romanciers oder Geschichtenerzähler versucht haben und unumstritten gescheitert sind. Gleichviel: an leichtfertigen Diagnosen fehlt es nicht. Freilich auch nicht an ernsten Symptomen.

Zunächst einmal kann als sicher gelten, daß die meisten namhaften Vertreter der erzählenden deutschen Prosa, die in den letzten Jahren, jedenfalls aber nach 1950, bekannt wurden, seit einiger Zeit mit ungewöhnlich großen Schwierigkeiten zu kämpfen haben und sie meist nicht überwinden können. Anerkannte Schriftsteller veröffentlichen mißlungene oder höchst fragwürdige Romane und Geschichten – so Herbert Eisenreich (*Der Urgroßvater*), Siegfried Lenz (*Stadtgespräch*), Hans Erich Nossack (*Nach dem letzten Aufstand*), Wolfdietrich Schnurre (*Funke im Reisig*). Junge Autoren, deren Erstlinge enthusiastisch begrüßt wurden, bringen die Kritik mit ihren zweiten oder dritten Büchern in Verlegenheit

– so Ernst Augustin (*Das Badehaus*), Jürg Federspiel (*Massaker im Mond*), Uwe Johnson (*Karsch*), Jakov Lind (*Landschaft in Beton*). Manche Schriftsteller der mittleren Generation schweigen unüberhörbar – so Ilse Aichinger und Ingeborg Bachmann, Wolfgang Koeppen und Ernst Schnabel. Oder sie gehen vom Roman zum Drama, zum Theater über – wie Martin Walser und Peter Weiss. Oder zum Fernsehspiel – wie Christian Geißler. Von anderen wiederum hört man, daß sie Filme und Opernlibrettos schreiben.

Zugleich heißt es oft genug, daß viele Leser heutzutage der Belletristik mit Argwohn begegnen, sie bagatellisieren oder gar ignorieren. Die knappe Zeit, die ihnen für die Lektüre bleibt, würden sie eher Sachbüchern und Dokumentarberichten als den Schöpfungen der Dichter widmen. Nicht künstlerische Phantasie werde benötigt, sondern nüchterne Information. Buchhändler und Verleger können mit Ziffern aufwarten, die zu denken geben. In der Tat besteht kein Zweifel, daß der Bedarf an nichtbelletristischer Literatur in unserer Epoche überall außerordentlich gewachsen ist. Dem entspricht auch die Quantität und die Qualität des Angebots. Die Themenskala der Sachbücher wird immer breiter, und sie sind auch – alles in allem – zuverlässiger, interessanter, besser geworden. Gewiß haben sich also Rolle und Funktion des Sachbuchs im Bewußtsein des Publikums und im ganzen geistigen Leben verändert und vergrößert. Und gewiß haben wir es mit einem verständlichen und erfreulichen Phänomen zu tun. Allerdings bin ich nicht davon überzeugt, daß man vor allem mit diesem Phänomen die Abwendung vieler Leser von der belletristischen Literatur erklären kann.

Das Mißtrauen, das der Belletristik entgegengebracht wird, ist ebenso alt wie sie selbst: Wer etwas erzählen wollte, mußte immer schon darauf gefaßt sein, daß man seine Glaubwürdigkeit anzweifeln würde. Aber im Grunde genommen ist dieser Zweifel des Publikums den Erzählern nie unlieb gewesen. Sie sahen in ihm den Widerstand, der sie reizte und den es zu brechen galt. Daher haben sie ihn oft provoziert, indem sie sich – um nur ein Beispiel anzuführen – erkühnten, gerade das Unwahrscheinlichste zum besten zu geben. Und immer schon waren die Historiker und Biographen, die Chronisten und Sittenschilderer – kurz: die jeweils am meisten gefragten Sachbuchautoren – gefährliche Konkurrenten der Poeten. Denn immer gab es Menschen, die sich von der Magie der Fakten bannen ließen, jedoch der Magie der Dichtung trotzten oder sich ihr entzogen. Es handelt sich also im wesentlichen um eine uralte Erscheinung, die in verschiedenen Zeitabschnitten mehr oder weniger bemerkbar wird, jedoch nie ganz verschwinden kann: Das Mißtrauen des Publikums gehört zur Belletristik wie das Risiko zum Abenteuer.

Sollte es also denkbar sein, daß zu jener in unseren Jahren so auffälligen Vorliebe für die Sachbücher auch die Belletristen beigetragen haben, weil es ihnen nicht gelungen ist, dem traditionellen Argwohn der Leser wirkungsvoll entgegenzutreten? Und was können die Schriftsteller, die sich bemühen, den Zweifel an der Belletristik zu verringern oder auszuschalten, eigentlich tun? Es gibt zwei fundamentale Möglichkeiten, die beide nicht neu sind.

Um den natürlichen und notwendigen Widerstand des Publikums zu brechen, genügt es nämlich, sehr gut zu erzählen. Die Leser aller Epochen und aller Völker ähneln in dieser Hinsicht manchen Damen: Zwar widerstehen sie, doch hoffen sie zu unterliegen. Sie mißtrauen, aber sie wollen überzeugt werden. Sie zweifeln, weil sie glauben möchten. Woran? An Ideen? Nicht unbedingt. Wohl aber an Gestalten und Motive, Situationen und Stimmungen. An menschliches Leid und menschliches Glück. Und hier ist das Sachbuch machtlos. Der Kinsey-Report hat die Liebesgeschichten nicht überflüssig gemacht. Auch das heutige Publikum will, wie eh und je, dem Erzähler glauben. Und wenn er sich nur auf seine Kunst versteht, glaubt es ihm schlechterdings alles – daß etwa ein Handlungsreisender im Schlaf in ein schreckliches Ungeziefer verwandelt wurde, daß die Liebe zu einem zwölfjährigen Mädchen aus einem reifen und vernünftigen

Intellektuellen einen Mörder gemacht hat oder daß ein trommelnder Zwerg, ganz allein auf sich gestellt, eine mächtige Nazikundgebung durcheinanderbringen konnte.

Diese Methode, die Leser, die der Belletristik abgeneigt sind, zu gewinnen, erweist sich somit als die Flucht des Erzählers nach vorn. Daneben hat sich seit einigen Jahrhunderten noch eine andere Methode bewährt – das Täuschungsmanöver: Die Belletristik wird als Nicht-Belletristik ausgegeben, die Epik als Dokument oder gar als Sachbuch getarnt, als Chronik, Protokoll, Bericht, Brief oder Tagebuch maskiert. Vertraut der eine Autor der Überredungskraft seiner Stimme und seiner Erzählkunst, so hält es der andere für angebracht, mit verstellter Stimme zu sprechen und seine Erzählkunst indirekt wirken zu lassen. Der eine hofft, den Leser zu überwältigen, der andere – ihn überlisten zu können. Nichts gegen diese zweite Methode: Sie erfordert nicht weniger Talent als die erste und hat längst den Segen der Literaturgeschichte erhalten. Auch ist es verständlich, daß viele Schriftsteller gerade in den letzten beiden Jahrzehnten die Tarnung des epischen Kunstwerks als zeitgemäß empfanden.

Doch wird wohl diese Mode allmählich abklingen. Denn es scheint mir, daß sich im Wettkampf mit dem Sachbuch vor allem jene Belletristik behaupten kann, die sich auf ihre Eigenart besinnt und nicht jene, die sie verleugnet. Die nicht vorgibt zu sein, was sie nicht ist. Die darauf verzichtet, den Leser in freundlicher Absicht irrezuführen, ihm vielmehr Fiktion als Fiktion anbietet und nicht versucht, den Anschein zu erwecken, es handle sich um nackte Tatsachen. Ich glaube also eher an die Flucht der Romanciers nach vorn als an ihre Täuschungsmanöver. Das Erzählen, mag es herkömmlich sein oder nicht, hat nicht nur eine große Vergangenheit, sondern auch eine große Zukunft.   (1964)

Schlechte Zeiten für Konfektionäre?

Reinhard Lettau schrieb in der *Zeit* vom 5. Juni 1964, von amerikanischen Kritikern höre man manchmal den Vorwurf, ». . . der deutsche Roman biete zu oft eine fertig ausgedachte Welt, seine Helden entbehrten des Inzidentellen, jener zufälligen, beobachteten, individuellen Merkmale, durch die sie erst glaubwürdig würden«. Hierzu meinte Lettau: »Es ist wahr, daß es bei uns kaum jemanden von Talent gibt, der sich damit zufriedengäbe, einfach eine Geschichte zu erzählen und sich darauf zu verlassen, daß das Inzidentelle, dem er sich anvertraute, für sich selbst spräche . . . Das Material muß bei uns verändert, verzerrt, gedehnt, verfremdet, verwischt, gesteigert werden, sprachliche und strukturelle Eingriffe schreiben die Interpretation vor, determinieren das Material, statt es zu befreien.«

Hat Lettau mit seinen Behauptungen wirklich recht? Oder wird hier vielleicht zeitgenössischen deutschen Schriftstellern kurzerhand zur Last gelegt, was doch für einen beträchtlichen Teil der modernen Literatur gilt?

Nachdem sich die Wege, die die Kunst im 19. Jahrhundert gegangen war, als nicht mehr begehbar erwiesen hatten, mußten natürlich neue Wege gesucht werden. Das Ziel der Kunst blieb unverändert. Doch konnten zu ihm, schien es, nur noch Umwege führen. Nur noch mit dem Indirekten ließ sich also die angestrebte Wirkung erreichen. Die Schriftsteller wandten sich dem Surrealen zu. Aber um der Realität willen. Sie verfremdeten das Leben. Um es zu vergegenwärtigen. Sie verschwiegen Gefühle. Um Gefühle zu provozieren. Sie erfanden den Anti-Helden und das Understatement. Um dem Heroischen und dem Pathos gerecht zu werden. Sie zeigten das Absurde. Um die Vernunft herauszufordern. Sie ließen den Wahnsinn ausbrechen. Um den Sinn zu reizen. So wurde die Negation zum entscheidenden Faktor der Kunst, der Literatur. Diese Negation bezweckt indes nichts anderes

als die Verdeutlichung der Phänomene. Die Denaturierung
erfolgt um der Natur willen. Erst die Verunstaltung der
Wirklichkeit ermöglicht ihre künstlerische Gestaltung. Aus
der Deformation ergibt sich die neue Form. Die Fratze soll
aufschrecken und dadurch das Antlitz beschwören. Die Entstellung des Menschen in der modernen Kunst dient seiner
Darstellung. So wird das Material unentwegt verändert, verzerrt, gedehnt, verfremdet, verwischt, gesteigert. Wer dies
beanstanden wollte, würde die Entwicklung der Kunst in den
letzten fünfzig Jahren anzweifeln. Trotzdem scheint mir
Lettaus Bemerkung treffend zu sein.
Denn die Frage drängt sich auf, ob, beispielsweise, surreale
Motive von manchen jüngeren Autoren in Hülle und Fülle
angeboten werden, weil dies ihrer Sicht des Lebens entspricht
oder weil sie Kafkas *Verwandlung* gelesen haben? Ist es tatsächlich unsere Welt, die die vielen Verfremdungen erforderlich macht – oder haben wir es etwa nur mit Brecht-Imitatio-
nen zu tun? Vielleicht werden Gefühle ängstlich und konsequent verschwiegen, weil Hemingway einst mit der unterkühlten Tonart so erfolgreich war? Sollten wir die Vorliebe
für das Absurde lediglich dem Ruhm Ionescos zu verdanken
haben? Die hier angeführten Namen sind natürlich aus-
tauschbar. Man könnte ebensogut Joyce, Faulkner, Camus,
Borges, Beckett oder Nathalie Sarraute nennen. Oder auch
Celan, Dürrenmatt, Grass und Peter Weiss.
Ja, aber was ist daran eigentlich bemerkenswert? War das
nicht immer so, daß Talente, zumal in der Jugend, Vorbilder
haben wollten und haben mußten? Und folgte nicht immer
schon den Meistern, oder jenen zumindest, die als Meister
galten, die Masse der Nachahmer? Schließlich zogen bedeu-
tende und erfolgreiche Künstler stets einen Troß von Kunst-
gewerblern nach sich. Und wie die Propheten und Priester
der Avantgarde gehören zum literarischen Leben auch die
Konfektionäre und Jünger der Arrieregarde, wobei natürlich
die letzten vorgeben, die ersten zu sein.
Gewiß, das alles ist nicht neu. Nur daß die Eigenart eines

Teils der modernen Kunst junge Talente ernsthaften Versuchungen aussetzt und zugleich den geschickten Konfektionären ungewöhnliche Möglichkeiten eröffnet. Indem sie repetieren und kopieren, imitieren und montieren, vergeuden die einen ihre Begabung und tarnen die anderen ihre Unfähigkeit. Sie fliehen ins Unwirkliche, weil sie der Wirklichkeit nicht oder noch nicht beikommen können. Sie verschweigen ihre Gefühle. Aber sind sie überhaupt imstande, Gefühle auszudrücken? Sie weichen ins Absurde aus. Aber wollen sie tatsächlich die Vernunft herausfordern oder sich, vielleicht, der rationalen Kritik entziehen? Sie verzerren und verfremden, dehnen und verwischen die Realität, ohne daß man den Eindruck gewänne, sie könnten sie auch nur annähernd abbilden. Sie erinnern an Maler, die konsequent der abstrakten Malerei huldigen, aber leider unfähig sind, einen Stier oder einen Stuhl zu zeichnen. Die Entstellung des Menschen in dieser Literatur dient dann nicht mehr seiner Darstellung, sondern erspart sie und ermöglicht es den Autoren zu verheimlichen, daß die Darstellung ihre Kräfte übersteigen würde. Es wird uns oft eine Literatur aus zweiter Hand geboten, die von dem Vorbild nur das übernimmt und nachahmt, was sich am leichtesten übernehmen und nachahmen läßt.

Psychologie und Realismus, deren Fehlen in vielen deutschen Romanen Lettau beklagt, braucht man bei den Meistern der Moderne nicht zu vermissen. Sie sparen jenes »Inzidentelle« nie aus. Das gilt ebenso für die angelsächsische Prosa von Joyce über Virginia Woolf, Faulkner, Hemingway und Thomas Wolfe bis zu Henry Miller wie für die Franzosen von Proust bis zu Michel Butor. Nur kann man das, was hier mit den Stichworten »Psychologie« und »Realismus« gemeint ist, bei diesen Vorbildern zwar lernen, hingegen läßt es sich nicht einfach kopieren. Da muß man schon eigene Lebenserfahrungen haben und sein Würzburg oder Gelsenkirchen ein wenig kennen. Indes: »Wer es wagt, einen deutschen Roman zu schreiben, hat entweder nicht Erfindung genug und seine Erzählung wird langweilig; ... oder er versteht die Kunst, zu zeichnen nicht, kennt die Welt und das menschliche Herz nicht, und seine Geschichte ist ohne Charakter und ohne Sitten . . . Der eigentümliche Charakter unserer Nation und die daraus fließenden Sitten würden viel Stoff zu Romanen geben, aber man hütet sich sehr davor, die Szene nach Deutschland zu versetzen. Warum wohl? Man kennt seine Nation am wenigsten; und es ist immer leichter, in dem einförmigen französischen Modeton eine Geschichte nachzustammeln, als seine Nation zu studieren . . .«

Der »einförmige französische Modeton«, der sich leicht nachstammeln lasse, ist nicht etwa als Anspielung auf die Prosa von Alain Robbe-Grillet zu verstehen. Das Zitat entstammt der Zeitschrift *Allgemeine Deutsche Bibliothek*, Jahrgang 1765. Aber es mag sein, daß für die Konfektionäre der Arrieregarde und die Kunstgewerbler des Modischen jetzt etwas schwerere Zeiten kommen. In diesem Herbst haben sich neue Autoren zu Wort gemeldet. Es sind die schlechtesten nicht. Sie haben vom Nachstammeln genug. Sie lassen uns hoffen.

(1964)

Schriftsteller am stillen Herd

Man hat es landauf, landab bemerkt, teils freudig, teils widerwillig: Der deutsche Bücherherbst 1975 ist gut. Aber unsere Helden sind müde. Heinrich Böll wünscht sich »eigentlich nur den Platz am Schreibtisch, Lesen, Spazierengehen, Freunde treffen«. Die Öffentlichkeit hingegen sei ihm verhaßt, sie widere ihn an. Ähnliches hört man von Max Frisch. »Öffentlichkeit als Partner« waren seine 1967 erschienenen Aufsätze betitelt. Jetzt finde er »glaubwürdigere Partner«: Die Gesellschaft sei nicht sein Dienstherr und er nicht »ihr Priester oder auch nur Schulmeister«.

Auch Hans Magnus Enzensberger, erheblich jünger als Böll oder Frisch, scheint neuerdings ein wenig marode: Das »Kursbuch«, das unter seiner Leitung fast die Bibel einer ganzen Generation von Linksintellektuellen war, geben jetzt andere heraus. Seinen Rücktritt begründete Enzensberger mit der melancholisch klingenden Formel: »Ich habe mich entbehrlich gemacht.« Nun wird er sich wohl ganz der holden Dichtkunst widmen. Dem einst kämpferischen Peter Rühmkorf, der freilich nie seine individuelle Gangart verleugnet hat, machen Demonstrationen jetzt keinen Spaß mehr: Am stillen Herd in Winterszeit sinnt er über Herrn Walther von der Vogelweid'.

Günter Grass meint keineswegs, er habe sich entbehrlich gemacht: Er werde bald in die Öffentlichkeit zurückkehren – verspricht er den einen, droht er den anderen. Doch vorerst will er noch einige Zeit an seinem neuen und umfangreichen Roman arbeiten. Er tut dies in Wewelsfleth, einem beschaulichen, idyllischen Ort in Schleswig-Holstein, nicht gar so weit entfernt von Husum. Sein Kampfgefährte Siegfried Lenz liebt ebenfalls die Einsamkeit in herber Landschaft: In seiner dänischen Datscha bereitet er die nächste Deutschstunde vor.

In den Kulturzentren lassen sich unsere Autoren nur noch selten blicken: wenn das Fernsehen ruft oder eine Lesung fällig ist. Man lebt auf dem Lande oder in abgelegenen Orten. Bei Einzelgängern – wie etwa Thomas Bernhard, der überall Verstörung sucht und Verfall findet – ist das selbstverständlich. Aber es gilt auch für Walter Kempowski, der in niedersächsischer Einöde an seiner Familien-Saga bosselt, auch für Franz Xaver Kroetz, der mit jedem seiner Stücke ein Scherflein zum Klassenkampf beitragen wollte: Er hat München verlassen und sich für ein oberbayerisches Nest entschieden.

Ist das Dorf wieder attraktiv? Erhofft man sich von der Provinz besondere Anregungen? Oder ist es die Sehnsucht nach windstillen Ecken, die sich allerdings von Schmollwinkeln kaum unterscheiden lassen? Haben wir es gar mit Fluchtbe-

wegungen von Enttäuschten und Resignierten zu tun? Und
sollte das auch auf jene Schriftsteller zutreffen, die jetzt im
Ausland leben – auf Uwe Johnson in Südengland, Peter
Handke in Paris, Reinhard Lettau in Kalifornien oder Hans J.
Fröhlich am Gardasee?
Sicher ist jedenfalls, daß man sich nach den Jahren der einseitigen und oft stumpfsinnigen Politisierung der Literatur wieder auf die Kunst des Wortes besinnt, auf die Dichtung. Aufs
neue entdeckt man das leidende Individuum. Und das ist gut
so: Die neue Subjektivität, von der man jetzt viel und gern
spricht, brauchen wir in der Tat. Eine neue Innerlichkeit
brauchen wir nicht. Sollte die Besinnung auf die Literatur
dem Rückzug aus der Öffentlichkeit gleichkommen, sollte als
Reaktion auf die Politisierung jetzt – um einen Titel von Hermann Hesse zu zitieren – »der Weg nach innen« modern
werden, so würde dies nur bedeuten, daß die deutschen
Schriftsteller es nach wie vor lieben, von einem Extrem ins
andere zu fallen und das Kind mit dem Bade auszu-
schütten.
Eine pharmazeutische Erfindung hat das Zusammenleben der
Geschlechter auf ungeahnte Weise revolutioniert: die Pille.
Die Diskussion über die Reform des Paragraphen 218 spaltet
die Nation. Der Radikalenbeschluß und seine Folgen
beschäftigen Hunderttausende. Der Terrorismus fordert
ebenso die Gesellschaft wie das Individuum heraus. Das sind
Fragen, die uns alle nun schon seit Jahren bedrängen. Wo ist
ihr Echo in der deutschen Literatur? Gewiß, wenn wir lange
suchen, werden wir auf diese oder jene kleine Arbeit verweisen können. Aber insgesamt ist das Echo so dürftig und küm-
merlich, als lebten unsere Erzähler oder Dramatiker auf
einem anderen Planeten. Sie weigern sich, die Herausforde-
rungen unserer Epoche anzunehmen.
Natürlich geht es nicht darum, etwa Säumige zur Pflichterfül-
lung zu ermahnen. Das wäre absurd. Denn kein Schriftsteller
ist verpflichtet, sich bestimmter Themen anzunehmen. Aber
die deutsche Literatur unserer Zeit ist es. Jeder einzelne

Autor hat das Recht, gerade die zentralen Fragen zu ignorieren. Die Literatur der Gegenwart hat dieses Recht nicht. Sie liefe sonst Gefahr, selber ignoriert zu werden – von jenen nämlich, für die sie bestimmt ist: von den Lesern.   (1973)

Für Kurzgeschichten muß man Zeit haben

Charakteristisch für die junge deutsche Literatur sei, meinte 1961 Walter Jens, die Tendenz zur kleinen Form: Die dickleibigen Romane, wie sie dereinst von Proust und Joyce, Robert Musil und Thomas Mann perfektioniert wurden, hätten keine Zukunft. Diese gehöre vielmehr den »epischen Komprimaten« und den »synthetischen Konzentraten«, zumal der Parabel. Auch andere Kritiker und Theoretiker plädierten um 1960 für die knappe Erzählung und für die Kurzgeschichte, für das Gleichnis.

Der Frage: »Stirbt der Roman?« hat man in den sechziger Jahren besonders viele öffentliche Diskussionen gewidmet. Aber es war nur eine rhetorische Frage. Die sie stellten, kamen sich zwar kühn und modern vor, folgten jedoch einer ehrwürdigen Tradition. Schon Balzac war gegen Ende seines Lebens (er starb 1850) der Ansicht, der Industriegesellschaft sei die Romanform nicht mehr gewachsen. Seitdem beeilt sich fast jede Generation, diese literarische Form ohne Reue und Trauer zu begraben. Was freilich niemanden, der Lust hat, hindert, weiterhin Romane zu schreiben.

Mit anderen Worten: Allen düsteren Diagnosen zum Trotz ist der angeblich Hinsiechende hartnäckig genug, immer noch zu leben. Seine Agonie hat kein Ende. Aber während man in den siebziger Jahren unaufhörlich den Tod des Romans konstatierte, ist in deutschen Landen gleichzeitig und fast unbemerkt eine andere literarische Form wenn nicht

gestorben, so jedenfalls in einen bedenklichen Dauerschlaf
gesunken – nämlich eben jene Kurzgeschichte, deren Vorzüge dereinst nachdrücklich gerühmt und deren Blüte hoff-
nungsvoll prophezeit wurde.

Von Geschichtenbänden wollen unsere Verleger in der Regel
nichts wissen. Erhalten sie ein gutes Manuskript mit mehreren Erzählungen, dann fragen sie, wenn es sich nicht gerade
um einen der wenigen prominenten Autoren handelt, ganz
treuherzig, ob es nicht möglich sei, diese Erzählung mit einer
Rahmenhandlung oder wenigstens mit einem entsprechenden
Vorspruch zu versehen, um das Buch einen »Roman« nennen
zu können.

Erst bei einem Umfang von mehr als hundert Maschinensei-
ten atmen die Verleger ein wenig auf. Denn aus einer Erzählung in dieser Länge machen sie mit Hilfe harmloser Setzer-
Kunststücke einen Zweihundert-Seiten-Band; auf der Titel-
seite heißt es natürlich »Roman«. So paradox es auch scheinen
mag: Gerade in unserer Epoche, in der man gern und viel vom
Tod des Romans spricht, ist diese Gattungsbezeichnung
zum Reizwort von offenbar außergewöhnlicher Attraktivität
avanciert. Kein Autor, kein Verleger kann es sich leisten, auf
dieses Reizwort zu verzichten.

Ja, auch die Berühmtesten vertrauen seiner Magie. Befragt,
warum er sich nicht entschließen konnte, seinen *Butt* den
Lesern als »ein Märchen« anzubieten, antwortete Günter
Grass: »Das ist eine Konzession, die ich gemacht habe. Nicht
nur der Verlag, unsere literarische Öffentlichkeit und der
wissenschaftliche Teil der Literaturverarbeitung wie -ver-
marktung, auch die Literaturkritik ist meiner Meinung nach
nicht in der Lage, ein Buch von diesem Umfang außerhalb der
gängigen Kategorien einzuordnen.« Zu deutsch: Auch ein
Buch von Grass verkauft sich als »Roman« besser.

So ist es in der Tat: Fast immer werden mäßige und sogar
schlechte Romane den guten oder sogar hervorragenden
Kurzgeschichten-Bänden vorgezogen. Verleger sind aber
nicht Volkserzieher, sondern Kaufleute – und diejenigen

unter ihnen, die uns wissen lassen, sie seien zunächst und vor allem doch Volkserzieher, sind entweder Lügner oder erweisen sich rasch als Bankrotteure. Nein, nicht bei den Verlegern sollte man die Schuld suchen. Bei wem also? Etwa bei den Lesern? Liegt es an ihnen, daß die Kurzgeschichte, einst der Stolz der deutschen Nachkriegsliteratur, seit mehr als zehn Jahren nicht mehr gedeihen will, vielmehr verkümmert und nur noch vegetiert?

Die Kurzformen sind es doch, so will es scheinen, die am ehesten dem Lebensgefühl heutiger Menschen entgegenkommen und dem Rhythmus unserer Epoche, ihrem Tempo, ihrer Hast und Hektik gerecht werden können. Je schneller unser Leben, desto weniger Zeit haben wir. Und je weniger Zeit uns bleibt, desto bessere Aussichten hat die Kurzgeschichte, neben dem Roman zu bestehen oder ihn zu verdrängen. Das klingt logisch. Aber stimmt es auch?

Ein Kind hat Angst vor einem bellenden Hund. Die Mutter erklärt: Hunde, die bellen, beißen nicht. Ich weiß es, antwortet das Kind, nur bin ich nicht sicher, ob der Hund es auch weiß. So ist es möglicherweise mit den Lesern. Vielleicht wissen sie gar nicht, was sie den Kritikern zufolge als zeitgemäß empfinden sollten. Wäre es gar so, daß wir, wenn wir von dem Lebenstempo sprechen und dem sich daraus ergebenden Bedürfnis nach kurzen literarischen Formen, die Rechnung ohne den Wirt machen, also ohne das Publikum?

Merkwürdig: Zu den schönsten Kurzgeschichten der Weltliteratur gehören jene von Maupassant und Tschechow. Sie sind gegen Ende des neunzehnten Jahrhunderts entstanden, also in einer verhältnismäßig ruhigen Epoche. Andererseits: In den zwanziger Jahren, die man gern die hektischen nennt, schrieben die großen deutschen Schriftsteller (Thomas Mann und Musil, Heinrich Mann und Döblin, Arnold Zweig, Werfel und Feuchtwanger) keineswegs kurze Erzählungen, sondern lange Romane.

Dennoch gibt es, glaube ich, einen ursächlichen Zusammenhang zwischen dem dominierenden Lebensgefühl der Leser und ihrer Vorliebe für bestimmte literarische Formen. Nur verhält es sich eher umgekehrt, als es sich auf den ersten Blick verhalten müßte, nämlich: Je schneller und hastiger unser Alltag, desto stärker unser Bedürfnis nach Ruhe. Und je spürbarer die Unsicherheit, desto heftiger die bewußte oder unbewußte Sehnsucht nach Entspannung und Entrückung, nach Schutz, nach, altmodisch ausgedrückt, Geborgenheit. Dies jedoch beeinträchtigt im selben Maße die Erfolgschancen der Kurzgeschichte, wie es diejenigen des Romans begünstigt.

Schon durch seine die Zeit organisierende und gliedernde Funktion flößt der Roman wenn nicht gerade Behaglichkeit ein, so jedenfalls Vertrauen. Die Kurzgeschichte verbreitet wenn nicht gerade Beklemmung, so jedenfalls Skepsis und Mißtrauen. Der Roman betreut und behütet den Leser, die Kurzgeschichte nimmt ihn in Anspruch und liefert ihn sich selber aus. Daher läßt sich im Roman Ruhe finden, während die Kurzgeschichte in Unruhe versetzt. Von ihr werden Bedürfnisse nicht erfüllt, sondern provoziert.

Überdies stellen die Erzähler von Kurzgeschichten an die Phantasie, die Aufmerksamkeit und die Intelligenz ihres Publikums hohe Anforderungen: Wie die Autoren mit wenigen Worten eine ganze Welt zeigen wollen, so sind die Leser gezwungen, sich mit nur wenigen Anhaltspunkten und Andeutungen für jenes Bild zu begnügen, das sie sich selbst machen müssen.

Während der Roman ganze Städte und Landschaften ins Blickfeld rückt, lassen sich Geschichten eher mit Brücken vergleichen. Und in der Regel verbindet eine Brücke nicht etwa zwei Punkte miteinander, sondern zwei Wege. Das gilt auch für Geschichten. Wo der Weg beginnt, der zu ihnen geführt hat, kann man nicht sehen. Wohin der Weg führen wird, der am anderen Ufer anfängt, kann man nicht ahnen. Eine Geschichte beginnt also nie mit ihrem ersten Wort und schließt nie mit ihrem letzten. Zu ihr gehören die Gefühle und

Gedanken, von denen sie ausgelöst wurde und die sie auslöst.

Daher beansprucht die Kurzgeschichte ebenso vom Autor wie vom Leser die höchste Konzentration. Wer in einem Roman einen Absatz übersieht, kann hoffen, daß er das ihm Entgangene später doch noch finden werde. Denn der Romancier folgt der Aufforderung Mephistos: Du mußt es dreimal sagen! Wer aber in einer Kurzgeschichte einen Absatz oder auch nur einen einzigen Satz nicht wahrnimmt, riskiert, daß sie ihm unverständlich bleibt.

Eben deshalb eignet sich die Kurzgeschichte, der landläufigen Ansicht zum Trotz, weder für die Straßenbahnfahrt noch für die Frühstückspause. Wer es eilig hat, greife zu Romanen. Für Kurzgeschichten muß man Zeit haben.

Allerdings wäre nichts unsinniger, als die Kurzgeschichte gegen den Roman ausspielen zu wollen: Unsere Literatur braucht diesen ebenso wie jene. Doch wer den Kurzgeschichten wieder zum Leben verhelfen möchte, sollte auch bedenken, daß sie nicht entstehen können, wenn es an Publikationsorganen mangelt, die bereit sind, sie den Lesern zugänglich zu machen. Nicht zufällig waren die ersten deutschen Schriftsteller, die hervorragende epische Miniaturen geschrieben haben, Mitarbeiter von Zeitungen: Johann Peter Hebel und Heinrich von Kleist. Dies gilt auch für die Meister der angelsächsischen short story von Edgar Allan Poe über Mark Twain und O'Henry bis zu Hemingway.

Bei uns aber gibt es immer weniger Zeitschriften; und seit jenen späten sechziger Jahren, da die Kunst rapide in Verruf geraten ist, haben die Tages- und Wochenzeitungen kaum noch Platz für erzählende Prosa. Soll man sich wundern, daß sich unter solchen Umständen die deutschen Schriftsteller fast ganz von der Kurzgeschichte abgewandt haben?   (1977)

Der Kaiser ist nackt oder: Über den Herbst unserer Literatur

1

Wir können zufrieden sein. Denn unser literarisches Leben blüht. Es werden in der Bundesrepublik Deutschland immer mehr Bücher gedruckt und verkauft und vielleicht sogar gelesen. Wir haben geschäftüchtige Verleger, die klug und ehrgeizig genug sind, mitunter auch solche Autoren zu verlegen, an denen sich (vorerst jedenfalls) nichts verdienen läßt. Wir haben hochgebildete Lektoren, die oft schlecht bezahlt werden und auch überlastet sind und die dennoch ihrer Arbeit geduldig und leidenschaftlich nachgehen.

Und wo werden Bücher schöner gedruckt und besser ausgestattet als hierzulande? Man vergleiche einmal – um nur dieses eine Beispiel anzuführen – die vornehmeren deutschen Taschenbuch-Reihen mit den englischen oder amerikanischen *pocket books*, und man wird sehen, daß die bundesdeutsche Produktion gut abschneidet. Wir haben ordentlich ausgebildete Buchhändler, die sich nicht nur als Warenverkäufer verstehen, sondern auch auf den Geschmack des Publikums Einfluß ausüben möchten und denen es Spaß macht, gute Bücher unter die Leute zu bringen.

Wir haben ferner umsichtige Redakteure bei Funk und Fernsehen, die der Literatur dienen wollen und können und die auch, wenn nötig, bereit sind, um jede Sendeminute zu kämpfen. Wir haben – vielleicht zum ersten Mal in der Geschichte der Germanistik – Professoren unterschiedlichen Alters, die die Sache der zeitgenössischen Literatur nicht nur auf dem Katheder, sondern auch in Zeitungen wirkungsvoll zu vertreten wissen.

Wir haben Kritiker, die zwar, wie immer in der Geschichte der deutschen Literaturkritik, von den meisten Schriftstellern attackiert und beschimpft werden, die aber die neuen Bücher mit größtem Ernst untersuchen und ihre Aufgabe, alles in allem, gut erfüllen. Unsere Kritik mag eine höchst fragwürdige Institution sein, doch wann war sie es nicht? Auf jeden Fall ist sie – ich bin dessen sicher – jener in den vielgerühmten Jahren der Weimarer Republik haushoch überlegen. Wir haben schließlich zahllose neugierige, aufmerksame und dankbare Leser, von denen sich viele auch mit schwieriger moderner Literatur freiwillig und sogar gern befassen.

Aber ist nicht alles ein wenig provinziell? Von den vielen Vorwürfen, die gegen unser literarisches Leben erhoben werden, ist jener des Provinzialismus der häufigste und hartnäckigste. Worauf zielt denn eigentlich diese so beliebte Vokabel ab? Bestimmt nicht auf den Wohnort eines Literaten oder gar auf die Provinz als Thema der Literatur. Gemeint ist vielmehr der Geist, den man mit der Kleinstadt, mit der Provinz identifiziert – also Engstirnigkeit, Mangel an Niveau, Rückständigkeit oder, um mit einem Wort alles zusammenzufassen, Maßstablosigkeit.

Provinziell ist, wer sich mit seinem beschränkten Gesichtskreis abfindet und also nicht wissen will, was außerhalb des eigenen Bezirks geschieht. Im Literarischen ist es vor allem die Unkenntnis dessen, was in anderen Ländern geschrieben und diskutiert wird.

Kennt man bei uns hinreichend die amerikanische, englische, französische oder italienische Literatur? Ich bin nicht so waghalsig, diese Frage zu bejahen. Aber es ist nachweisbar, daß die Bücher nicht nur amerikanischer, englischer, französischer oder italienischer, sondern auch polnischer und schwedischer, türkischer und finnischer und anderer Autoren in den deutschsprachigen Ländern risikofreudige Verleger und sorgfältige Übersetzer finden, zu denen übrigens auch prominente deutsche Schriftsteller gehören – von Böll bis Handke. Alle diese Literaturen haben hierzulande ein Publikum, wenn auch meist ein kleines.

Haben sie auch Kritiker? Einer der erfolgreichsten deutschen Romanciers, Siegfried Lenz, ist sich nicht zu schade, seit Jahren regelmäßig skandinavische Literatur zu rezensieren. Was

bei uns über südamerikanische oder osteuropäische Literatur
publiziert wird, kann sich in der Regel sehen lassen.

Und ich scheue mich nicht zu behaupten, daß in den großen
deutschen Zeitungen und Zeitschriften intelligenter und
sachgerechter über Nabokov oder Bellow, Philip Roth oder
Joyce Carol Oates geschrieben wird als in New York und
London über Frisch, Grass oder Thomas Bernhard. Einer der
wichtigsten deutschen Romane nach 1945, Wolfgang Koeppens *Tauben im Gras*, ist bis heute weder in England noch in
den Vereinigten Staaten erschienen. Und wo kennt man
schon, wenn man von Fachgelehrten und anderen Speziali-
sten absieht, einen so großen deutschen Dichter wie Paul
Celan?

Der Vorwurf des Provinzialismus kommt in der Regel von
deutschen Schriftstellern, die sich verkannt oder doch unterschätzt fühlen. Aber der Schriftsteller müßte noch geboren
werden, der von diesem Gefühl gänzlich frei wäre. Wo ist
denn das literarische Leben nicht provinziell? Auf jeden Fall
nicht in England, in Frankreich oder in den Staaten. Man
erzähle uns nicht ewig, daß der Rasen jenseits des Zaunes
grüner sei. Überall wird mit Wasser gekocht.

Kurz und gut: Wir haben ein blühendes literarisches Leben,
unsere Literatur hat alles, was sie braucht, um zu gedeihen.
Aber gedeiht sie? Oder sollte es gar so sein, daß wir drauf und
dran sind, ein literarisches Leben ohne Literatur zu haben?

2

Für die Schriftsteller und Journalisten, für die ganze schrei-
bende Zunft ist das zentrale Ereignis der Frankfurter Buchmesse nicht etwa die Eröffnungsfeier mit den würdevollen
Ansprachen und schon gar nicht der steife Festakt in der
Paulskirche, die Verleihung des Friedenspreises des Deutschen Buchhandels. Nein, der Höhepunkt der Buchmessen-
woche ist intimerer Art: Er findet in der Privatwohnung von
Siegfried Unseld statt.

Dort, beim Chef des Suhrkamp Verlags, beim Herrn der Insel, werden sich am Donnerstag um siebzehn Uhr die wichtigsten deutschen Kritiker, Feuilletonchefs und Redakteure treffen, diejenigen also, von denen zwar nicht unbedingt der Erfolg, aber auf jeden Fall das Renommee der Schriftsteller abhängt. Zum zweiundzwanzigsten Mal veranstaltet Unseld seinen Kritiker-Empfang – und diesmal unter besonderen Vorzeichen: Er hat sein Haus umbauen und erheblich erweitern lassen. Man wird alles (etwas skeptisch) bewundern können: die neuen Räume und die neue Einrichtung – und es wird schon alles sehr geschmackvoll und auf angemessene Weise modern sein. Und sollte der eine oder andere Gast bei der diskreten Besichtigung an Umschläge des Suhrkamp Verlags denken, so wären dies Parallelen, die Unseld nicht zu fürchten braucht.

Vor der anwesenden Elite des literarischen Lebens – und daß es eine fragwürdige Elite ist, wissen die dort Versammelten am besten – wird dann, so will es der schöne Brauch, ein Autor des Suhrkamp Verlags aus einem noch unveröffentlichten Manuskript lesen. Diesmal soll es der Lyriker und Dramatiker Thomas Brasch sein, der ehemalige DDR-Bürger, der seit bald vier Jahren in West-Berlin lebt.

Ein überaus sensibler, ein hochbegabter Poet ist dieser Brasch, eine der größten Hoffnungen unserer Literatur. In der Bundesrepublik wurde er, versteht sich, mit offenen Armen aufgenommen. Gewiß hat er sich integrieren lassen in unser literarisches Leben. Aber er hat sich nicht mit ihm abgefunden, und er wird sich auch nie mit ihm ganz abfinden. Ihm fällt es schwer, in Frieden mit sich selbst zu leben. Er ist vom Geschlecht der Getriebenen, der Ruhestörer.

Nun wird Brasch also, wenn er nicht im letzten Augenblick absagt, auf diesem Kritiker-Empfang vor einem zwar illustren Auditorium lesen, doch einem – er weiß es –, das während der Buchmesse sich nicht gerade nach der Dichtung sehnt, sondern eher der Gerüchte und Nachrichten, der Klatschgeschichten bedürftig ist. Aus seinem Unbehagen kann ein Mann wie Brasch kein Hehl machen: er wird sich, nervös und ungeduldig, keine Mühe geben, seine Resignation oder Melancholie zu verbergen.

Ganz anders der Hausherr, Siegfried Unseld. Er wird auf dem Kritiker-Empfang weder Melancholie noch gar Resignation ausstrahlen, wohl aber, wie eh und je, jugendliche Energie und unverwüstliche Vitalität, schwäbische Tüchtigkeit und bundesdeutsche Selbstzufriedenheit. Ja, er kann in der Tat zufrieden sein. Hat er denn nicht alles erreicht, was er erreichen konnte? Er ist – und nicht erst seit gestern – der größte deutsche Verleger unserer Zeit. Ja, es ist nicht ausgeschlossen, daß er dereinst als die neben Samuel Fischer stärkste, effektivste Figur des deutschen Verlagswesens in unserem Jahrhundert gelten wird.

Er kann sich alles leisten – wenn er Lust hätte, auch eine Ludwig-Ganghofer-Gesamtausgabe. Oder die Gesammelten Werke von Peter Rosegger. Ich sehe sie schon vor mir: acht Bände in Leinen und gleichzeitig eine Werkausgabe in der edition suhrkamp, ausgestattet von Willy Fleckhaus, mit einem Vorwort von Peter Handke (das sich allerdings als eine Nacherzählung des Buches *Als ich noch ein Waldbauernbub war* erweisen wird) und mit einem Essay über die Heimatliteratur von Martin Walser, einer Arbeit aus dem Jahre 1976, in der sich kein Wort über Rosegger findet. Im Suhrkamp-Prospekt wird man lesen können:

»Roseggers Werke entwerfen maßgebliche Konzepte gesellschaftlicher Erscheinungen. Reflektierend und kontrapunktierend bieten sie Gegenwelten an, Möglichkeiten einer Verlängerung von subjektiver Wahrnehmung in eine Vision des unbegrenzten Verlustes. Angesichts der ökologischen Krise und inmitten der globalen Bedrohung eröffnen die Erzählungen Peter Roseggers neue und bisweilen makabre Dimensionen und gewinnen einen ungeahnten Stellenwert. Hier gilt es, einen großen unterschätzten Autor wiederzuentdecken und ihn als einen der Väter der Moderne zu erkennen.« – Auch dies würde dem Ansehen Siegfried Unselds kaum etwas anhaben können.

Am Donnerstag also wird er das umgebaute Haus einweihen und seine vielen Gäste mit einer wohlbedachten Ansprache begrüßen: jovial und humorvoll. Wie üblich wird er tun, was er angeblich nicht einmal im Bett vergißt – die Produktion seiner Verlage anpreisen. Und nur wer sehr genau hinhört, wird merken können, daß der Redner etwas mit betonter Heiterkeit zu kaschieren versucht. Daß seine Stimme ein wenig zittert. Was befürchtet er? Nicht viel. Nur daß während seiner Ansprache plötzlich einer ruft: Der Kaiser ist nackt.

Nein, das wird nicht geschehen. Denn wer hätte schon Lust, die undankbare Rolle des Kindes aus Andersens Märchen auf sich zu nehmen? Alle werden höflich zuhören und versonnen nicken, und nur mancher wird sich im stillen denken: Der hier redet, steht mit leeren Händen da.

3

Sagen wir es offen: Dies ist ein schlechter Bücherherbst. Um beim Suhrkamp Verlag zu bleiben: Schweigen denn die bewährten Autoren dieses Hauses? Keineswegs. Sie schreiben weiter, bemüht und emsig zugleich.

Von Martin Walser gibt es den Roman *Das Schwanenhaus*. Adolf Muschg ist mit dem zwischen Reisebeschreibung und Detektivroman schwankenden Buch *Baiyun oder Die Freundschaftsgesellschaft* zur Stelle. Von Jurek Becker haben wir einen Band mit 25 Erzählungen (*Nach der ersten Zukunft*) erhalten. Vier Arbeiten vereint Dieter Kühn unter dem Titel *Auf der Zeitachse*. Hans Magnus Enzensbergers Gedichte (*Die Furie des Verschwindens*) haben den Verlag offenbar nicht entzückt, denn ihnen wurde eine Normalausgabe nicht gegönnt, man verbannte den Band in die (übrigens nur noch vegetierende) edition suhrkamp.

Nichts liegt mir ferner, als über diese längst anerkannten

Schriftsteller etwa den Stab zu brechen. Nichts wäre unsinniger, als vergessen zu wollen, daß sie alle Wichtiges zur zeitgenössischen deutschen Literatur beigetragen haben; Enzensberger ist mittlerweile schon fast ein Klassiker der deutschen Nachkriegslyrik. Auch ihre jetzt erschienenen Bücher sind immer noch, sagen wir, einigermaßen bemerkenswert. Woher also die Enttäuschung, die sie doch bereiten?

Diese Bücher reichen nicht im entferntesten an die Hauptwerke ihrer Autoren heran und können sogar den fatalen und gewiß falschen Verdacht erwecken, diese hätten, wie jung sie auch sein mögen, ihre gute, ihre große Zeit schon hinter sich. Indes: schwächere Produkte bedeutender Schriftsteller können ebenfalls sehr lesenswert sein. Warum lassen sich diese Bücher nur mühevoll zu Ende lesen? Vielleicht deshalb, weil sie, besser oder schlechter geschrieben, uns nicht treffen, die entscheidenden Fragen unserer Zeit verfehlen, dem, zugegeben, hohen Anspruch der Epoche nicht gewachsen sind.

Und wie ist es mit den weniger bekannten Autoren, den Vertretern der neuen Generation? Hat Suhrkamp da nichts zu bieten? Doch, einige Bücher kann man schon finden, die Lektoren geben sich Mühe. Es ist nicht ihre Schuld, daß die provinziell anmutenden Arbeiten – hier scheint das ominöse Wort angebracht, denn diese verkrampften Produkte zeugen von Unbeholfenheit und Maßstablosigkeit – vor allem langweilig sind. Wer so einschläfernd schreibt, ist nicht konkurrenzfähig.

Wessen Konkurrenz muß er denn fürchten? Beispielsweise die des *Spiegel*. Dort sei, werde man antworten wollen, doch keine Literatur zu finden. Gewiß, aber die Existenz des *Spiegel* und auch des Fernsehens macht es den Lesern leichter, etwas Gräßliches zu tun – sich nämlich von der Literatur gähnend abzuwenden. Die deutschen Schriftsteller wären gut beraten, dies nie zu vergessen.

Übrigens mag es ungerecht sein, daß hier immer wieder vom Suhrkamp Verlag die Rede ist. Der Grund: Was sich dort gezeigt hat, ist leider symptomatisch für die allgemeine Situa-

tion. Mit anderen Worten: Dies ist der seit vielen Jahren
schwächste Bücherherbst nicht nur eines Verlages – auch die
anderen stehen mit leeren Händen da –, sondern der deutschen Literatur.

4

Literarisches Leben ohne Literatur? Aber brauchen wir sie
überhaupt, die bisweilen gestreichelte und gerühmte, die
immer wieder beschimpfte, verspottete und gehaßte, die nie
ignorierte, die Literatur?

Wenn es stimmt, daß wir alle vor einem Abgrund stehen,
dann bedürfen wir der Dichter mehr denn je. Wenn es zu-
trifft, daß die schrecklichste Krankheit unserer Epoche die
Angst ist und daß im nächsten Jahrhundert mehr Menschen
an Geisteskrankheiten leiden werden als an Krebs oder am
Herzinfarkt, dann ist die Literatur nie nötiger gewesen als
heute. Denn wer sonst, wenn nicht die Dichter, wäre imstande, uns unsere Angst bewußt und unsere Hoffnung fühl-
bar zu machen?

Adorno soll behauptet haben, nach Auschwitz ein Gedicht
zu schreiben, sei unmöglich. Das ist barer Unsinn: An der
Möglichkeit hat er nie gezweifelt. Er meinte vielmehr: »Nach
Auschwitz ein Gedicht zu schreiben, ist *barbarisch*.« Dieses
Diktum aus dem Jahre 1949 müßte heute heißen: Angesichts
dessen, was uns bevorstehen kann, *kein* Gedicht zu schreiben, wäre unmenschlich. Schon daraus ergibt sich, was
wir von unserer Literatur erwarten dürfen und verlangen
sollten.

Zunächst einmal: Eine Literatur, die von den Fragen ihrer
Zeit ablenkt, die den Leser besänftigt und tröstet, war immer
dubios und hat heute erst recht keine Chance und schon deshalb, weil sie nicht imstande ist, mit jenen zu konkurrieren,
die uns in dieser Hinsicht reichlich, überreichlich versorgen –
mit der ARD und dem ZDF. Von der Produktion der Trivialautoren ganz zu schweigen.

Aber es geht auch nicht um eine vor allem irritierende oder provozierende Literatur. Natürlich: Große Literatur irritiert immer, die großen Dichter waren stets, wenn auch bisweilen insgeheim, leidenschaftliche Provokateure. Die Meister der Moderne – von Proust bis Joyce, von Döblin bis Benn – haben, ließe sich sagen, nichts anderes getan, als die der Literatur innewohnende Provokation bis an den Rand des Möglichen zu treiben.

Nur ist es heute äußerst schwierig, uns herauszufordern. Die Provokationen haben ihre Wirkungskraft eingebüßt. Das mag damit zusammenhängen, daß wir überfüttert sind. Lange Zeit, zumal in den sechziger Jahren, galt die Devise: Wer provoziert, der profitiert. Vom branchenüblichen Zorn haben wir alle genug. Die künstlich hergestellte Empörung lockt heute keinen Hund mehr hinterm Ofen hervor. In dieser Atmosphäre mußten sogar authentische Dichter, wenn sie es auf die permanente Provokation abgesehen hatten, ihr Ziel verfehlen, wenn nicht scheitern. Ein hervorstechendes Beispiel: Arno Schmidt.

Was wollen wir also? Martin Walser schrieb unlängst, »daß das Schlimmste, das einem passiert, am meisten nach Sprache schreit. Vielleicht bewirkt sogar das Schlimmste das Schönste«. In der Tat: Auch in Auschwitz wurde gedichtet, und als Antwort auf Auschwitz entstand eines der schönsten deutschen Gedichte dieses Jahrhunderts – Celans »Todesfuge«. Dennoch: Walsers Feststellungen sind im Grunde Postulate. Das wird deutlich, wenn er hinzufügt, als Leser messe er jeden Roman daran, »wie sehr er aufs Ganze geht«.

Das ist es, was wir brauchen, wonach die Zeit schreit: Nicht eine Literatur, die auf Provokation abzielt, sondern die aufs Ganze geht. Eine radikale Literatur, also eine – denn »radix« bedeutet im Lateinischen Wurzel, Quelle, Ursprung –, die die Sache an der Wurzel zu fassen versucht.

Unsere Schriftsteller – diese, wenn sie etwas taugen, nie berechenbaren und mitunter sogar nicht ganz zurechnungsfähigen Wesen – spüren und wissen sie denn nicht, was die

Stunde geschlagen hat, worauf wir alle warten? Natürlich spüren und wissen sie es genau. Das läßt sich schon an ihrem literarischen Geschmack ablesen.

Es ist sehr bezeichnend, daß sich die meisten von ihnen in jenen Dichtern wiederfinden, die unter dem Eindruck der Randbezirke und Grenzbereiche des Lebens standen, die in den Sog der Abgründe gerieten und – wie könnte es anders sein – darüber schrieben. Die Großen, die mit ihrer Epoche in Frieden lebten oder doch leben wollten, die in sich ruhten und sich zum Repräsentieren und nicht zur Märtyrerrolle berufen fühlten und denen das weltweite Echo nicht versagt blieb, sie sind ihnen fremd. Nicht Goethe steht ihnen nahe oder Thomas Mann, nicht Rilke oder Stefan George. Ihre Liebe gilt den Zerrissenen, den Unglücklichen, den Scheiternden, jenen, die sich ihre Stirne wundrieben und sich selbst zerstörten: Hölderlin, Kleist und Büchner, Heym, Kafka und Celan.

Läßt sich daraus ableiten, wie unsere Literatur der achtziger Jahre sein wird? Nein, aber immerhin, wie sie sein könnte, sein sollte.

5

Einer bekannten Definition von Goethe zufolge ist der Roman »eine subjektive Epopöe, in welcher der Verfasser sich die Erlaubnis ausbittet, die Welt nach seiner Weise zu behandeln«. Goethe wußte sehr wohl, daß hier der Hase im Pfeffer liegt, denn er fügte skeptisch hinzu: »Es fragt sich also nur, ob er eine Weise habe . . .«

Unsere Autoren haben keine solche Weise und können wohl auch keine mehr haben. Noch Doderer konnte in seinen Hauptwerken (*Die Strudlhofstiege*, 1951, *Die Dämonen*, 1956) ein einigermaßen geschlossenes Weltbild entwerfen. Vergleicht man diese Bücher mit den etwa gleichzeitig entstandenen Romanen von Koeppen und Frisch, dann kann man sich des Eindrucks nicht erwehren, daß Doderer zu den zwar erstaunlichen, doch schon damals anachronistischen Figuren der Literaturgeschichte gehörte.

Aber Doderer war, vorerst jedenfalls, der letzte. Die Nachgeborenen hingegen stehen der Welt ratlos, ohnmächtig gegenüber: Sie sind nicht imstande, sie zu interpretieren – und es wäre absurd, ihnen deshalb einen Vorwurf machen zu wollen. Dies hindert sie freilich nicht, immer wieder großangelegte Romane zu versuchen, die sich dann prompt als mehr oder weniger interessante Fehlschläge erweisen: Anderschs *Winterspelt* und Christa Wolfs *Kindheitsmuster*, *Der Butt* von Grass und *Das Heimatmuseum* von Lenz und schließlich Bölls *Fürsorgliche Belagerung* – das sind nur einige Beispiele aus den letzten Jahren. Diese Romane wollen zu viel leisten – und leisten deshalb zu wenig.

Indes stammen aus derselben Zeit auch Bücher, die zwar kein Weltbild entwerfen wollen, aber dennoch, nein, gerade deshalb zu einem solchen Bild beitragen: Es sind epische Arbeiten, deren Autoren sich von vornherein mit einem kleinen, begrenzten Ausschnitt begnügen. Damit hängt ihr Umfang zusammen: Er schwankt zwischen 100 und 200 Seiten, und man sollte, was immer auf den Umschlägen gedruckt ist, doch eher von längeren Erzählungen als von kurzen Romanen sprechen.

Ob diese Bücher das Fragmentarische betonen (wie Koeppens *Jugend*), ob sie einen episodischen Grundriß haben (wie Frischs *Montauk*) oder einen novellistischen (wie Bölls *Verlorene Ehre der Katharina Blum*, wie Walsers *Fliehendes Pferd*), ob das Monologische dominiert (wie in Botho Strauß' *Widmung*) oder das Autobiographische (wie in Thomas Bernhards *Ursache*, *Keller* und *Atem*) – nirgends wird die Ratlosigkeit des Autors und seine Unfähigkeit, die Welt zu erklären, getarnt oder verborgen, sondern, im Gegenteil, akzentuiert und sogar (wie in Borns *Fälschung*) zum Thema gemacht.

Was immer von diesen sehr unterschiedlichen Büchern zu

halten ist – Selbstbeobachtung und Gesellschaftsdarstellung bedingen sich hier gegenseitig und finden nicht selten (am überzeugendsten bei Koeppen und Bernhard) zu einer Einheit: Die Prosa des zeitkritischen Psychologismus – das wäre wohl eine brauchbare Bezeichnung – macht im Extremen, ja im Exzentrischen das Exemplarische erkennbar. Diese Erzählungen sind unmittelbare Antworten auf unsere Welt, gegeben von Schriftstellern, die, auf Provokationen keinen Wert legend, sich gleichwohl vor der Radikalität nicht scheuen und die aufs Ganze gehen wollen, gehen müssen.

Von ähnlicher Intensität ist die Antwort nur noch der Lyriker: Während es offenbar weder dem umfangreichen Roman noch dem Drama gelingen will, den Fragen der Epoche und ihrem Anspruch gerecht zu werden, finden sich in den letzten Jahren Gedichte, die oft nur ein scheinbar geringfügiges Detail unserer Gegenwart anvisieren und diese doch mitten ins Herz treffen. Ich nenne die Namen Sarah Kirsch, Günter Kunert und Peter Rühmkorf, Christoph Meckel und Thomas Brasch. Ihnen glückt bisweilen der überraschende Durchbruch, die blitzartige Erhellung, die auf das Schlimmste mit dem Schönsten reagiert.

Damit wäre angedeutet, welche Richtung die deutsche Literatur in der nächsten Zeit fortsetzen oder einschlagen könnte und, wie mir scheint, auch sollte.

Der Kaiser sei nackt? Leider. Aber er lebt. Wem dies allzu dunkel vorkommt, der sei auf ein Wort von Robert Musil verwiesen. Er erinnerte 1926 daran, daß es »eine Synthese gibt, die wichtiger als Dichter, umfassender und dauernder als Strömungen ist: die Literatur«.   (1980)

Gibt es eine neue Innerlichkeit?

Gibt es etwas Schöneres, Edleres auf Erden als die deutsche Innerlichkeit? Es ist noch nicht lange her, da war das für Viele bloß eine rhetorische Frage.

Thomas Mann beispielsweise hat nie Zweifel gekannt: Er hatte für die Innerlichkeit eine auffallende Schwäche, er bekannte sich zu ihr ohne Reue, er liebte sie zärtlich und hartnäckig zugleich. Die *Betrachtungen eines Unpolitischen*, dieses häufiger beschimpfte als gelesene, dieses gewiß wirre und dennoch höchst bemerkenswerte Buch aus den letzten Jahren des Kaiserreichs – was ist es denn anderes als sein verzweifelter, sein ebenso eigenwilliger wie eigensinniger Versuch, die deutsche Innerlichkeit gegen jene zu verteidigen, die er, einen wahrhaft fatalen Begriff verwendend, die »Zivilisationsliteraten« nannte?

Später, in den letzten Monaten der Weimarer Republik, sagt Thomas Mann, Richard Wagner sei den Weg des deutschen Bürgertums gegangen – nämlich »von der Revolution zur Enttäuschung, zum Pessimismus und einer resignierten, machtgeschützten Innerlichkeit«. Die Existenz und Entfaltung der Innerlichkeit zu ermöglichen und zu beschirmen – das ist in Thomas Manns Sicht des Staates vornehmste Aufgabe, der Macht edelste Pflicht.

Im Mai 1945, als die Welt den Zusammenbruch des »Dritten Reiches« feierte, bat die Library of Congress in Washington Thomas Mann, der in den Jahren des Krieges zur weithin sichtbaren, zur repräsentativen deutschen Gegenfigur geworden war, über Deutschland und die Deutschen zu sprechen. Er nahm die Gelegenheit wahr, um sich in dieser historischen Stunde abermals und nun schon fast trotzig zur Innerlichkeit zu bekennen, und er zögerte nicht, sie, die Innerlichkeit, die schönste deutsche Eigenschaft zu nennen.

Indes: Was meinte denn Thomas Mann, wenn er von Innerlichkeit redete? Eine Definition wird man in seinen Schriften vergeblich suchen, wohl aber können wir zahlreiche, nicht unbedingt exakte, doch immerhin aufschlußreiche Umschreibungen finden. Innerlichkeit, lesen wir, das sei Zartheit, Versponnenheit und Naturfrömmigkeit, »Sehnsüchtig-Verträumtes« und »Phantastisch-Geisterhaftes«, das sei die Musikalität der deutschen Seele und der Tiefsinn des deutschen Herzens. Der Innerlichkeit verdanke die Welt die deutsche Metaphysik und die deutsche Musik, »insonderheit das Wunder des deutschen Liedes«.

Wenngleich Thomas Mann schon Luthers Reformation für die Innerlichkeit in Anspruch nahm und sie als eine ihrer großen geschichtlichen Taten bezeichnete, ist es doch unverkennbar, daß er vor allem das neunzehnte Jahrhundert im Sinne hatte: Die Romantik sei nichts anderes als ein Ausdruck eben der deutschen Innerlichkeit, diese reicht für Thomas Mann offensichtlich von Schubert bis Richard Wagner, wenn nicht bis Hans Pfitzner, von Eichendorff bis Storm, wenn nicht bis Rilke und Stefan George.

Zugleich sieht Thomas Mann, wohin die Innerlichkeit geführt hat – zum »Auseinanderfallen des spekulativen und des gesellschaftlich-politischen Elements« und zur »völligen Prävalenz des ersten vor dem zweiten« sowie zum Aufstand der Musik gegen die Literatur und der Mystik gegen die Klarheit. Nichts liegt ihm ferner, als diesen Aufstand etwa zu befürworten, aber er kann nicht aufhören, die Innerlichkeit zu lieben und zu rühmen.

Dieser weitgehend panegyrische Begriff von der Innerlichkeit ist noch ganz in jenem Jahrhundert verwurzelt, in dem Thomas Mann geboren wurde und aufwuchs. Es ist, ganz sicher, nicht unser Begriff. Er hat heute einen anderen Sinn, einen anderen Inhalt. Welchen?

In der neuesten, 1979 erschienenen Auflage des *Sachwörterbuchs der Literatur* von Gero von Wilpert findet sich unter dem Stichwort »Innerlichkeit« ein einziger Satz: »Die Abwendung von der Außenwelt und den Umwelteinflüssen zu den inneren Erfahrungen und Reichtümern der Seele, zur

Besinnung und inneren Sammlung.« Trotz des etwas betulich anmutenden Vokabulars scheint dies, zunächst einmal, eine brauchbare Definition. Nur müssen wir fragen, ob sie sich mit der literarischen Praxis unseres Jahrhunderts auch wirklich deckt.

Auf welchen großen Schriftsteller trifft denn diese Wilpertsche Erklärung der Innerlichkeit ganz zu? Vielleicht auf Franz Kafka? Er, dessen Schreiben, laut eigener Aussage, »als Form des Gebetes« zu verstehen sei, der, seiner berühmten Tagebuchnotiz zufolge, nicht mehr und nichts anderes anstrebte als die Darstellung seines »traumhaften inneren Lebens« – wahrlich, seine Prosa entspricht der zitierten Definition. Welchem literarischen Werk in unserem Jahrhundert könnte man mit mehr Recht, um bei der Nomenklatur Wilperts zu bleiben, die Hinwendung zu den »inneren Erfahrungen« und den »Reichtümern der Seele« nachrühmen, welches wäre in höherem Maße ein Dokument der »Besinnung« und der »inneren Sammlung«? Wäre also Kafka ein typischer Repräsentant der deutschen Innerlichkeit?

Die Frage stellen, heißt nur, auf ihre Absurdität verweisen. Denn Kafka hat mit der Innerlichkeit, wie wir sie heute verstehen, absolut nichts zu tun. Warum? Fehlt etwa dem Prager Juden das deutsche Gemüt? Fehlt ihm – um noch einmal auf die positiv gemeinten Formulierungen Thomas Manns zurückzugreifen – die »Musikalität der deutschen Seele«, der »Tiefsinn des deutschen Herzens«?

Wir würden es uns leicht, allzu leicht machen, wollten wir auf dieser Ebene argumentieren. Denn die Ursache dieses auffallenden Widerspruchs – also zwischen der anscheinenden Übereinstimmung des Kafka-Werks mit den Postulaten der Innerlichkeit und dessen offensichtlicher Nicht-Zugehörigkeit zur Innerlichkeit – muß man woanders suchen. Die Lexikon-Definition läßt uns im Stich, sie ist mittlerweile überholt.

Ein Blick auf das Werk eines anderen bedeutenden Schriftstellers dieses Jahrhunderts könnte uns hier weiterhelfen – auf

Hermann Hesse. Während Kafka forderte, ein Buch müsse »die Axt sein für das gefrorene Meer in uns«, meinte der nur wenige Jahre ältere Hesse, die Aufgabe der Literatur sei es, das Volk mit »Seelenspeise« zu versorgen. In der Tat war Hesse ein empfindsamer Tröster, dessen Werke als poetische Lebensrezepte verstanden – nicht etwa mißverstanden – wurden und werden.

Kein Zweifel, beide, Kafka und Hesse, gingen den berühmten und berüchtigten Weg nach Innen, aber nur einer, der schwäbische Prediger der Askese, der jugendbewegte Schwärmer und Verkünder indischer Weisheiten, Hesse also, will uns trotz seiner frühen Prosa und des *Steppenwolfs* als Repräsentant, ja als Verkörperung deutscher Innerlichkeit im zwanzigsten Jahrhundert erscheinen.

Denn Innerlichkeit in der Literatur ist in unserem heutigen Verständnis eben nicht nur die Abwendung von der Außenwelt und die Hinwendung zu inneren Erfahrungen und zu jenen vom Lexikographen beschworenen »Reichtümern der Seele«. Im schroffen Gegensatz zur geistigen Welt Thomas Manns ist die Innerlichkeit jetzt ein Begriff mit eindeutig negativen Vorzeichen. Zu ihrer Sphäre gehören gewisse fragwürdige Elemente, die man Kafka nicht vorwerfen kann und die man bei Hesse nicht übersehen darf.

Sentimentalität und liebliche Idyllik, verzückte Naturanbetung und hilflose oder auch wütende Zivilisationsverachtung, altbackener Lyrismus und kauziger Irrationalismus, mehr oder weniger exaltierte Schwärmerei und jene engstirnige oder auch kleinkarierte Mentalität, die wir meist, ob zurecht oder auch nicht, als provinziell zu bezeichnen gewohnt waren – das alles sind Symptome der Innerlichkeit, die freilich nicht immer zusammen und gleichzeitig auftreten müssen.

So unterschiedlich diese einzelnen Elemente, so haben sie doch eine gemeinsame Wurzel. Und sie ist dem Anschein zum Trotz nicht nur im Weltanschaulichen zu finden, sondern auch und vor allem im Künstlerischen, in der literarischen

Qualität oder, um es noch deutlicher zu sagen, im Mangel an Qualität.

Mit anderen Worten: Ob ein literarisches Werk aus der Zeit seit dem Ersten Weltkrieg zum Bereich der Innerlichkeit gezählt werden muß oder von Innerlichkeit zeugt, hängt weder von seinem Thema ab noch von der Intention des Autors. Nur wo das Talent versagt, kann sich das Philiströse mit dem Sentimentalen vereinigen und das Süßliche mit dem Weltfremden.

Mag sich also ein Schriftsteller aufs angelegentlichste oder gar ausschließlich um die Darstellung seiner Innenwelt bemühen, so wird er doch, wo ein hoher literarischer Rang ist, gleichsam automatisch auch der Außenwelt gerecht werden. Kafkas *Prozeß* bietet tatsächlich ein Bild seines »traumhaften inneren Lebens« und vergegenwärtigt zugleich und auf makabre Weise eine höchst reale Welt – die Prager Umwelt des Autors, in der wir freilich das Sinnbild einer ganzen Epoche erkennen.

Die Werke eines Kafka oder Thomas Mann, eines Musil oder Döblin, eines Brecht oder Benn entziehen sich der Kategorie »Innerlichkeit«. Diese aber gedeiht sehr wohl in Hesses *Narziß und Goldmund*, in den Romanen Ernst Wiecherts, in manchen Büchern Carossas.

Indes wäre es ungerecht zu verschweigen, daß die Innerlichkeit während der nationalsozialistischen Herrschaft eine andere Rolle gespielt hat als in vorangegangenen Jahren. Für Schriftsteller, die mit der Diktatur nichts zu tun hatten und dennoch weiter publizieren wollten, die sich zum Widerstand gegen das Regime nicht entschließen konnten, doch bestrebt waren, ihm auszuweichen und ihre Position wenigstens durch betontes Nichtengagement zu markieren, kam der Innerlichkeit eine neue Attraktivität zu. Gewiß, hohe Literatur konnte sie nicht ermöglichen, aber sie war immerhin noch nicht die schlechteste Zuflucht in finsteren Zeiten. Die Vokabeln »Inneres Reich« und »Innerlichkeit« bedeuten natürlich nicht das Gleiche. Doch ist hier eine gewisse Nachbarschaft unverkennbar.

Damit mag es auch zusammenhängen, daß auf die Literatur nach 1945 die Innerlichkeit, alles in allem, keine Anziehungskraft mehr ausüben konnte und also auch keine Gefahr mehr war. Und je mehr die engagierte und gesellschaftskritische und schließlich die politisch determinierte Literatur im Laufe der sechziger Jahre an Boden und Einfluß gewann, desto weniger war von der Innerlichkeit die Rede. Sie war nur noch auf der Ebene der Trivialliteratur zu finden und auch da entsprechend modifiziert und modernisiert.

Als man sich jedoch nach den Jahren der einseitigen und oft stumpfsinnigen Politisierung der deutschen Literatur wieder auf die Kunst des Wortes besann (etwa um 1975), als man sich wieder nach Phantasie und Poesie sehnte, als man das Individuum wiederentdeckte und immer häufiger von »Neuer Subjektivität« und »Neuer Sensibilität« sprach, da hat man sogleich befürchtet, die deutschen Schriftsteller könnten von einem Extrem ins andere fallen und das Kind mit dem Bade ausschütten. Nachdrücklich wurde gewarnt vor einem Rückzug aus der Öffentlichkeit, vor dem Weg in die Weltfremdheit, in die Innerlichkeit.

Diese Skepsis hatte ihre guten Gründe. Die Kultivierung der persönlichen Emotionen, die Konzentration auf die eigenen seelischen Regungen und Krisen hatte ja oft genug zur Vernachlässigung anderer Fragen geführt, vor allem, aber nicht nur der gesellschaftlichen. Hier muß man genau unterscheiden: Die Auseinandersetzung der Literatur mit ihrer Epoche wird erst durch die Subjektivität des Schriftstellers und seine Sensibilität ermöglicht, durch die Innerlichkeit hingegen verhindert.

Indes: Die neue Innerlichkeit blieb uns erspart. Viel ist den deutschen Schriftstellern dieser Jahre vorzuwerfen, daß sie aber den Weg in die Weltfremdheit, in die Idyllik und in die Sentimentalität gewählt hätten, wird man schwerlich behaupten können. Gewiß, Selbstbeobachtung, Selbsterforschung und Selbstdarstellung sind dominierende Kennzeichen unserer neuen Prosa und unserer neuen Lyrik. Aber Introspektion und Zeitkritik bedingen und beglaubigen sich in diesen Büchern gegenseitig. Das Private, ja das Intime ist zugleich das Öffentliche.

Die Lyrik von Sarah Kirsch, von Enzensberger, Rühmkorf, Erich Fried, Kunert und Ernst Jandl, von Reiner Kunze, Biermann, Wondratschek, Christoph Meckel und Volker Braun bis hin zu Thomas Brasch – diese Lyrik ist, bei allen Unterschieden, frei von Innerlichkeit. Und ich sehe auch keine Anzeichen der Innerlichkeit in Koeppens *Jugend*, in Max Frischs *Montauk*, in der Prosa von Böll und Grass, in den autobiographischen Büchern von Peter Weiss und Thomas Bernhard, in den Romanen von Martin Walser, Nicolas Born und Adolf Muschg, von Christa Wolf, Siegfried Lenz und Hermann Kant, in den Stücken und Erzählungen von Botho Strauß. Alle diese Schriftsteller haben weder Lust noch Zeit zur Beschaulichkeit und keine Neigung zur Besinnlichkeit. Von Kontemplation gar, von mystisch-religiöser Versunkenheit wollen sie nichts wissen. Diese Sphäre ist ihnen fremd.

Wie es um die deutsche Literatur von heute bestellt wäre, wenn sie der Verlockung zur Innerlichkeit nachgegeben hätte, das zeigen uns die in den letzten Jahren entstandenen Arbeiten eines Autors, der hier und in diesem Zusammenhang unbedingt genannt werden muß – die Erzählungen Peter Handkes. In seinen Büchern *Langsame Heimkehr*, *Die Lehre der Sainte Victoire* und *Kindergeschichte* hören wir oft von einer zwiespältigen, einer gesetzlosen und chaotischen Welt. Aber sie bildet nur die Folie für Handkes große Sehnsucht nach ganz anderen Werten – nach Heil und Seligkeit, nach Erleuchtung und Weltvertrauen.

Der Held seines Buches *Langsame Heimkehr*, 1979 erschienen, verspürt ein schon »animalisch gewordenes« und »auf die Augenlider drückendes Bedürfnis nach Heil« und »nach Ewiger Reinheit«, doch auch »das Bedürfnis nach Sündigkeit«. Er verfügt über die Fähigkeit, »die Welt-Räume im Notfall zur Hilfe zu rufen«. Seine Lider sind »wie gesalbt von dem ewigen wilden Bedürfnis nach Erlösung«. Der fragwürdigen Tradition der deutschen Innerlichkeit im zwanzigsten Jahrhundert entspricht bei Handke das reichlich verwendete sakrale Vokabular – von der Sühne über die Gnade bis zur Erlösung –, das (etwa in der »Kindergeschichte«) »mystische Augenblicke« beschwören und gelegentlich eine religiös angehauchte, raunende Naturanbetung verdeutlichen soll.

Natürlich fehlt es in Deutschland nicht an Lesern, die sich einreden lassen, derartige Bücher lieferten eine religiöse Daseinsdeutung, und die diese feierliche Dunkelheit goutieren und mit Tiefe verwechseln. Immerhin haben wir den neuen Arbeiten Handkes auch etwas Wichtiges zu verdanken: Sie erinnern uns daran, daß die Innerlichkeit in unserer Epoche, sofern sie sich überhaupt noch bemerkbar macht, mit künstlerischer Qualitätseinbuße, ja mit literarischem Verfall zu tun hat.

Handke, der in den späten sechziger und den frühen siebziger Jahren ein wichtiger Vertreter der jungen Literatur war, schreibt, seit es sein Ehrgeiz ist, sich als Heilsverkünder zu betätigen, eine angestrengte und hochpathetische Prosa. Ihre schiefen Bilder und preziösen Vergleiche können die Dürftigkeit seiner Gedanken nicht verbergen.

Diese Dokumente der baren Innerlichkeit sind Ausnahmeerscheinungen. Sie bestätigen, daß es in unserer Literatur eine neue Innerlichkeit nicht gibt. Heute kann sie weder Rettung noch Zuflucht sein. Sie ist nur noch ein Anachronismus.

Wohl aber beobachten wir seit einigen Jahren eine Tendenz, die man um keinen Preis mit der Innerlichkeit verwechseln sollte: einen neuen Psychologismus. Dies zu bedauern haben wir keinen Grund: Denn es ist keineswegs ein weltfremder, es ist ein zeitkritischer Psychologismus.

(1981)

Die Ichbesessenheit ist nützlich

Schon seit Jahren ist es Brauch, als Begleitmusik zur Frankfurter Buchmesse ein nationales Klagelied anzustimmen – nämlich in Sachen Literatur. Man zeigt sich enttäuscht und konstatiert elegisch und höhnisch zugleich und meist noch mit unverhohlener Schadenfreude, die zeitgenössischen deutschen Schriftsteller hätten es wieder einmal nicht geschafft, ihr Soll zu erfüllen.

Mal beanstandet man, daß sie zu wenig, mal daß sie zu viel publizierten: Den einen (Wolfgang Koeppen etwa oder Uwe Johnson) verübelt man ihre Zurückhaltung oder gar ihr Schweigen, anderen (Martin Walser etwa oder Thomas Bernhard) den Umfang ihrer Produktion – zwei bis drei Bücher jährlich, das sei nun doch zu viel des Guten. Mal heißt es, die Autoren seien zu schwach, um den demoralisierenden Verlockungen unseres Kulturbetriebs zu widerstehen, ein andermal, sie würden es sich, ihre Pflichten schnöde vernachlässigend, in der Idylle oder im Elfenbeinturm bequem machen.

Mal wirft man ihnen das politische Engagement und die Verstrickung in Tagesthemen vor, mal das Monologische, die Nabelschau, die Ichbesessenheit – jedenfalls aber das Unvermögen, in großen epischen Entwürfen zumindest einem Teil unserer Welt gerecht zu werden. So hätten wir zwar immer mehr Bücher, aber leider nichts zu lesen. Und stets wird in diesen Kommentaren die Vokabel »Krise« dekliniert.

Um die Minderwertigkeit der Literatur von heute nachzuweisen, beruft man sich gern auf die Literatur von gestern. An diesem alten, ebenso beliebten wie harmlosen Gesellschaftsspiel beteiligen sich vor allem jene, deren Erinnerung an die Lektüre ihrer Jugend längst verblaßt ist und deren Kenntnisse des Neuen meist dürftig sind und auch noch aus zweiter Hand stammen.

Lessings ironische Frage »Wer wird nicht einen Klopstock

loben?« ist seit zweihundert Jahren immer wieder aktuell, freilich mit wechselnden Namen. Sie lautet heute: Wer wird nicht einen Musil loben? Doch wer hat schon den in der neuesten Ausgabe weit über zweitausend Seiten umfassenden *Mann ohne Eigenschaften* zu Ende gelesen? Wer wird nicht einen Döblin bewundern? Doch wer kennt mehr von ihm als *Berlin Alexanderplatz* und vielleicht noch einen seiner meist schnell und schludrig geschriebenen fünfzehn Romane? Wer wird sich nicht vor einem Heinrich Mann respektvoll verneigen? Doch warum verschweigen, daß von seinen 21 Romanen und seinen vielen Novellen nur noch wenige lesbar und die anderen zurecht vergessen sind?

Immer schon war die Literatur von heute die schlechte und die von gestern die gute. Auch Goethe hat darunter gelitten. Im *Tasso* läßt er die kluge Prinzessin sagen: »Die goldne Zeit, womit der Dichter uns / Zu schmeicheln pflegt, die schöne Zeit, sie war, / So scheint es mir, so wenig, als sie ist.« Und Fontane bemerkte knapp und trocken: »Die goldenen Zeiten sind immer *vergangene* gewesen.«

Apropos Fontane: Auf ihn berufen sich die Ewiggestrigen besonders häufig. Die zeitgenössischen Autoren sollten doch gefälligst Romane verfertigen, die so aufschlußreich und zugleich so unterhaltsam wären wie *Effi Briest* oder *Frau Jenny Treibel*. Jawohl, es stimmt: Fontane hat wunderbare Romane geschrieben, Hölderlin war ein großer Lyriker und *Hamlet* ist ein intelligentes Stück. Und wenn es regnet, ist ein Schirm sehr nützlich.

Nur sollten jene, die nicht müde werden, Fontane als Vorbild zu preisen, zur Kenntnis nehmen, daß man zu seinen Lebzeiten von ihm nicht viel wissen wollte: Die Germanisten kümmerten sich nicht einen Pfifferling um seine Bücher, das Publikum zog jene Berthold Auerbachs und Spielhagens vor, kaum ein Roman Fontanes kam damals über die zweite Auflage hinaus.

Dieses Spiel hat kein Ende: Zehn, zwanzig Jahre genügen, um das, was war, halb melancholisch und halb triumphierend

dem entgegenzuhalten, was ist. Wie wunderbar war doch die
junge deutsche Literatur, meinte unlängst mein Freund, in
den fünfziger Jahren, als die großen Romane Wolfgang
Koeppens erschienen und, wenig später, als uns die frühen
Bücher von Peter Weiss und Günter Grass, von Martin Walser und Uwe Johnson aufschreckten.

Aber Koeppens Romantrilogie, die wir heute zu den Höhe-
punkten der deutschen Epik nach 1945 zählen, war damals
ziemlich erfolglos und wurde von den meisten Kritikern entweder ignoriert oder abgelehnt. Überdies hat mein Freund
ein schlechtes Gedächtnis: Er gehörte um 1960 durchaus
nicht zu den Grass-Enthusiasten, und die Lektüre der Prosa
von Weiss und Johnson war ihm viel zu mühselig. Nicht einer
Literatur, die wir angeblich jetzt vermissen müssen, trauert er
in Wirklichkeit nach, sondern nur der Zeit, da er selber zwanzig Jahre jünger war.

Gibt es denn heute – hört man von jenen, die immer nur das
Alte preisen – einen deutschen Schriftsteller vom Format
eines Franz Kafka? Wer sich nicht scheut, die Literatur der
Gegenwart auf so billige Weise anzuzweifeln, der sollte
zunächst einmal sich selber fragen, ob er ganz sicher ist,
daß er einer der Wenigen gewesen wäre, die Kafkas Größe
oder etwa die Robert Walsers zu deren Lebzeiten erkannt
haben.

Niemand hat bestritten, daß sich in der Kulturgeschichte
Blüte- und Dürreperioden ablösen. Niemand behauptet, wir
lebten in einer besonders glorreichen Epoche der deutschen
Literatur. Jawohl, ein Schriftsteller vom Format eines Thomas Mann oder Bertolt Brecht oder eben eines Franz Kafka,
ein Jahrhundertgenie also, ist jetzt nicht zu sehen.

Aber ist dies eine ausschließlich deutsche Misere? Können
sich die Engländer oder die Iren heute eines James Joyce rühmen, einer Virginia Woolf oder eines Bernard Shaw? Saul
Bellow ist ein guter Romancier, doch wer würde auf die Idee
kommen, ihn Faulkner und Hemingway an die Seite zu stellen? Wo findet sich ein französischer Autor, den man mit

André Gide oder gar mit Marcel Proust vergleichen könnte, wo sind die Nachfolger von Sartre und Camus?

Kurz und gut: Überall wird nur mit Wasser gekocht und überall wartet man auf die Genies der Dichtkunst vergeblich. Die Frage, warum dies so ist, mag beantworten, wer will. Ich kann es nicht, denn ich glaube dessen sicher zu sein, daß sich für die glanzvolle Entfaltung ebenso wie für den Verfall von Literatur oder Kunst zwar immer triftige oder scheinbar triftige Gründe angeben lassen, daß man jedoch derartige Entwicklungsprozesse rational nie hinreichend erklären kann.

Gewiß, zwei Weltkriege sind nicht ohne Einfluß geblieben. Aber in den Jahren etwa zwischen der Französischen Revolution und dem Wiener Kongreß ging es in Mitteleuropa, um es gelinde auszudrücken, ebenfalls unruhig zu. Trotzdem produzierten in dieser kurzen Zeitspanne gleichzeitig Goethe, Schiller, Kleist und Hölderlin, Haydn, Mozart und Beethoven und noch mindestens ein halbes Dutzend Genies – allein im deutschsprachigen Raum.

Ohne also zu wissen, warum es gerade in unserer Epoche um die Weltliteratur alles in allem nicht gut bestellt ist und warum dies auch für die deutsche Literatur gilt, können wir gleichwohl versuchen, deren Situation zu charakterisieren.

Zunächst einmal: Es hat keinen Sinn, alljährlich aus Anlaß der Frankfurter Buchmesse zu klagen, es sei wieder einmal nichts Neues von Böll oder Frisch oder Grass erschienen, und dies auch noch als düsteres Krisensymptom zu deuten. Gute Schriftsteller waren immer schon unsichere Kantonisten. Offen gesagt: Mich interessieren nur die Schriftsteller, auf die man sich nicht verlassen kann, weil sie nicht berechenbar sind. Daher sollten uns in den Biographien unserer repräsentativen Autoren am wenigsten die Produktionspausen beunruhigen, denn ein viel schlimmeres Zeichen wäre das Ausbleiben derartiger Pausen.

Von ähnlicher Ahnungslosigkeit in Sachen Literatur zeugt der beliebte Vorwurf, der große Roman, der ein Bild unserer

Welt zeichnen würde, lasse wieder auf sich warten. Das ist schon richtig, aber das Rad der Literaturgeschichte läßt sich nicht rückwärts drehen. Als Thomas Mann in seinen späten Jahren das Ende des Romans diagnostizierte, unterlief ihm ein (verständlicher und verzeihlicher) Irrtum: Er hielt das Ende des Thomas-Mann-Romans für das Ende des Romans schlechthin. Nach wie vor gibt es keine literarische Form, die den Autoren so vielfältige Möglichkeiten böte wie eben die des Romans. Und es ist natürlich kein Zufall, daß nach wie vor die Verleger nur zögernd Erzählungen, Gedichte oder Essays drucken und gern eben Romane.

Aber die zusammenfassenden epischen Entwürfe, die groß-zügigen Überblicke, nach denen sich manche Kommentato-ren immer wieder sehnen, können ohne ein geschlossenes Weltbild nicht auskommen. Für den Autor der *Budden-brooks* und des *Zauberbergs* war ein solches Weltbild selbst-verständlich. Der Autor des *Radetzkymarsches* verschaffte es sich mit Hilfe rührend-naiver Illusionen. Und auch die Auto-rin des *Siebten Kreuzes* wie andererseits der Autor der *Strudl-hofstiege* und der *Dämonen* haben bestimmte, genau definier-bare Anschauungen (mögen sie uns mehr oder weniger gefal-len) zum Fundament ihrer Werke gemacht.

Selbst dem deutschen Nachkriegsroman lag noch ein Welt-bild zugrunde, freilich nur ein rudimentäres, ein fragmentari-sches. Die in den fünfziger und sechziger Jahren entstande-nen Bücher von Nossack, Koeppen, Andersch und Böll, von Grass, Walser, Lenz und Johnson formulierten den Schmerz und die Klage, die Empörung und den Protest einer ganzen Generation: Das Dritte Reich und der Krieg, die Restaura-tion und der totalitäre Staat östlicher Prägung – das waren die Themen der großen epischen Abrechnung. Noch in den sech-ziger Jahren hatten wir eine Nachkriegsliteratur.

Die Studentenbewegung von 1968 hat diese Phase beendet, ohne indes ein literarisches Echo hervorrufen zu können, das über sporadische (und eher dürftige) Reaktionen hinaus-ginge. Eine neue Generation deutscher Schriftsteller hat sich seitdem nicht mehr profilieren können – und ebendies ist das wichtigste Symptom unserer Situation, also der immer wieder beschworenen Krise. Damit hängt es auch zusammen, daß die Literatur der letzten zehn Jahre einen widerspruchsvollen und disparaten Eindruck hinterläßt: Wir sehen einzelne Leistungen, doch keine Schulen, keine Richtungen.

Aber so isoliert die Autoren heutzutage auch sein mögen, so deutlich sind die Faktoren, die sie dennoch miteinander verbinden. Da ist, zunächst einmal, die als Reaktion auf die Revolte von 1968 erfolgte, bisweilen programmatische und oft trotzige Abwendung von Theorie und Ideologie, da ist das fundamentale Mißtrauen gegen alle Patentlösungen für das Zusammenleben der Menschen, ja überhaupt gegen konstante Wahrheiten jeglicher Art.

Darf man sich also wundern, daß unseren Epikern die mehr oder weniger einheitliche Sicht, ohne die sich die gesellschaftlichen Querschnitte, die beliebten Panoramaromane nicht schreiben lassen, abgeht? Spricht dieser Mangel, wenn es tatsächlich ein Mangel ist, gegen oder letztlich doch für unsere Schriftsteller?

Jedenfalls haben Enttäuschung und Desillusionierung den Rückzug bewirkt: Der Abwendung von Theorie und Ideologie entsprach und entspricht die ebenso entschiedene Hinwendung zum Individuum, zum Privaten und zum Intimen und, als weitere Folge, die auffallende Vorliebe für das Autobiographische: Je dunkler und schwieriger die Fragen, die uns bedrängen, desto mehr sehen sich die Schriftsteller auf das Nächstliegende verwiesen, desto häufiger zeigen sie die Welt am Beispiel einer einzigen Person – der eigenen. Mit der Wiederentdeckung des Individuums hängt auch die Rückkehr des Romans und der Erzählung zur Psychologie zusammen.

Selbstbeobachtung und Selbsterforschung charakterisieren also unsere gegenwärtige Literatur. Aber die konsequente Analyse seelischer Vorgänge, die Introspektion hat glücklicherweise nichts mit Innerlichkeit und Weltfremdheit zu tun. Denn die Auseinandersetzung mit der Welt wird durch die Selbstdarstellung nicht verhindert, vielmehr erst ermöglicht, Introspektion und Zeitkritik bedingen und beglaubigen sich gegenseitig.

Diese neue Phase, für die sich die Bezeichnung »zeitkritischer Psychologismus« anbietet, signalisieren Mitte der siebziger Jahre Bücher nicht etwa jüngerer Autoren, sondern – und das ist symptomatisch und aufschlußreich – längst anerkannter Repräsentanten der älteren Generation: Max Frischs *Montauk* und Wolfgang Koeppens *Jugend*. Es folgen die Romane und Erzählungen von Thomas Bernhard, Nicolas Born, Martin Walser, Adolf Muschg, Botho Strauß. Sie alle porträtieren Einzelgänger, mehr oder weniger exzentrische Menschen und liefern damit Beiträge zum Bild des Lebens in unserer Epoche: Denn im Extremen machen sie das Exemplarische deutlich.

Die literarische Produktion des Jahres 1982 beweist, soweit sie sich schon heute übersehen läßt, daß der zeitkritische Psychologismus weiterhin die vorherrschende Richtung der zeitgenössischen deutschen Literatur ist. Davon zeugen vor allem die beiden wichtigsten Prosabücher dieses Jahres: Thomas Bernhards *Ein Kind* und Hermann Burgers *Künstliche Mutter*, ferner so bemerkenswerte Neuerscheinungen wie Gert Jonkes *Erwachen zum großen Schlafkrieg* und Adolf Muschgs Erzählungsband *Leib und Leben* und schließlich die Romane einiger jüngerer Autoren, von denen hier wenigstens zwei genannt sein sollen: Birgitta Arens (*Katzengold*) und Josef Winkler (*Muttersprache*).

Auf unterschiedliche Weise und auch mit unterschiedlichem Erfolg zielen alle diese Bücher sehr konsequent auf das Private – und verweisen, wie von selbst, auf das Öffentliche: Ohne unsere Welt zeigen zu wollen oder zu können, lassen sie uns gleichwohl bestimmte, meist freilich eng begrenzte Ausschnitte dieser Welt erkennen. Es sind antiideologische, doch gesellschaftskritische epische Manifeste. Die Ichbesessenheit kann also von allgemeinem Nutzen sein.

Wer allerdings gehofft hat, in diesem Jahr werde sich die erwartete neue Generation deutscher Schriftsteller machtvoll zu Wort melden, mag vorerst enttäuscht sein: Wir leben, literarhistorisch, nach wie vor in jener Übergangszeit, die Anfang der siebziger Jahre begonnen hat und deren Ende nicht voraussehbar ist. Und wer da klagt, es gebe zwar immer mehr Bücher, aber nichts zu lesen, den muß man daran erinnern, daß es nicht die Aufgabe der Dichtung ist, das Publikum mit Lesefutter zu versorgen.

Übrigens werden in dieser Hinsicht die Konsumenten von der zeitgenössischen deutschen Literatur keineswegs im Stich gelassen: Die breit angelegten Romane, die viele Schicksale in bisweilen mehreren Bänden schildern, und die man so behaglich im Lehnstuhl oder im Eisenbahnabteil lesen kann, sind noch nicht verschwunden, nur finden sie sich heutzutage auf der Ebene der Trivialliteratur oder zumindest in ihrer Nähe. Doch dafür sollte man die Epoche und nicht die Schriftsteller verantwortlich machen.

In Wolfgang Koeppens Roman *Tod in Rom* (1954) wird einem modernen Komponisten gesagt: »Ich glaube, daß Ihre Musik eine Funktion in der Welt hat. Vielleicht wird der Unverstand pfeifen. Lassen Sie sich nie von Ihrem Weg bringen. Versuchen Sie nie, Wünsche zu erfüllen. Enttäuschen Sie den Abonnenten. Aber enttäuschen Sie aus Demut, nicht aus Hochmut.«

Das gilt auch für die deutsche Gegenwartsliteratur: Sie weigert sich, Wünsche zu erfüllen und den Abonnenten zu bedienen. Mag der Unverstand pfeifen – diese Literatur hat ihre Funktion in unserer Welt. (1982)

Dichter und Richter

Kritik auf den Tagungen der Gruppe 47

Am 28. Oktober 1961, kurz nach zwei Uhr morgens – es war auf einer Tagung der Gruppe 47 – richtete der deutsche Schriftsteller Martin Walser an den Schreiber dieser Zeilen in Gegenwart mehrerer prominenter Zeugen eine kraftvollmännliche, militärisch-knappe Ansprache, in der er die Literaturkritiker aller Länder und Zeiten mehrfach und nachdrücklich als »Lumpenhunde« bezeichnete.

Als der Autor der *Halbzeit* diese ebenso aufrichtigen wie kernigen Worte sprach, konnte er auf eine stolze Ahnenreihe zurückblicken. Bereits Goethe hielt die Rezensenten für Hunde, die man schleunigst totschlagen sollte. Zu zoologischen, freilich etwas komplizierten Vergleichen fühlte sich auch Dickens angeregt: Er meinte, der Kritiker sei eine mit Pygmäenpfeilen bewaffnete Laus, welche die Gestalt eines Menschen und das Herz eines Teufels hätte. Leo Tolstoj wiederum, der ja schließlich auch kein ganz schlechter Schriftsteller war, erklärte in seinem Buch *Was ist Kunst?* klipp und klar, daß jemand, der sich damit befasse, Kritiken zu schreiben, nicht ganz normal sein könne.

Nun muß man aber – denn fair wollen wir sein! – zugeben, daß Martin Walser etwas mehr Grund hat als seine Kollegen aus dem 18. und 19. Jahrhundert, die Kritiker mit wuchtigharten Worten zu bedenken. Die genannten Romanciers und Dramatiker meinten nämlich, als sie so wohlwollend und menschenfreundlich der Rezensenten gedachten, lediglich die gedruckte Kritik. Goethe, Dickens und Tolstoj war es nicht gegeben, an einer Tagung der Gruppe 47 teilzuneh-

men. Die mündliche, improvisierte und dennoch öffentliche Kritik war ihnen unbekannt. Die Autoren der »Gruppe« dagegen werden das ganze Jahr hindurch von den schreibenden und auf den Tagungen überdies noch von den redenden Kritikern bedrängt. Aber Martin Walser hätte, als er damals, nach dem Genuß einiger Flaschen vortrefflichen Alkohols, jenes denkwürdige Wort von den »Lumpenhunden« prägte, sich auch auf die Kritiker aus Vergangenheit und Gegenwart berufen können. Denn es gehört zu den nicht unsympathischen Gepflogenheiten zumal der deutschen Literaturkritik, recht häufig an dem Ast zu sägen, auf dem sie sitzt. Das soll heißen: solange es eine deutsche Literaturkritik gibt, solange zweifelt sie an sich selber. Und stellt immer wieder sich selbst in Frage. Und das gilt, offen gesagt, auch für die Kritiker der Gruppe 47.
Wollen wir jetzt also ein bißchen an unserem Ast sägen? Wir wollen es.

Wer an einer der Tagungen der Gruppe 47 in den letzten Jahren – sei es als Autor oder als Diskutant, sei es als schweigender Beobachter – teilgenommen hat, kann sich der Befürchtung nicht erwehren, daß auf diesen Schriftstellertreffen literarische Versuche leichtfertig beurteilt und oft genug auch verurteilt werden. Muß nicht schon die Prozedur, die auf den Tagungen üblich ist, eine unseriöse und verantwortungslose Kritik zur Folge haben? Zunächst einmal: Ist es möglich, ist es sinnvoll, Gedichte, Erzählungen oder Romanfragmente zu bewerten, die man nicht gelesen, sondern nur gehört hat?
Bei der lediglich akustischen Darbietung literarischer Texte werden die Gegenstände der Betrachtung nicht in ihrer ursprünglichen, in ihrer natürlichen Gestalt präsentiert, sondern zugleich mit einer Interpretation des Autors versehen. Indem er seine Prosa oder seine Verse laut vorliest, empfiehlt er den Zuhörern allein durch die Art des Vortrags,. seine Arbeit auf die von ihm erwünschte Weise zu verstehen. Er

stützt seinen Text mit außerliterarischen Mitteln. Die Betonung einzelner Worte und Sätze lenkt die Aufmerksamkeit auf gewisse inhaltliche Elemente. Die Pointen werden mehr oder weniger hervorgehoben. Stimme und Tonfall erzeugen eine Atmosphäre, die vielleicht, hätte man nur das Manuskript in der Hand, unbemerkt geblieben wäre. In diesem Zusammenhang ist es im Grunde belanglos, ob der Verfasser eine Deutung mit außerliterarischen Mitteln anstrebt oder vermeiden möchte, ob sie bewußt oder unbewußt erfolgt: Mag er sich um einen konsequent-sachlichen, vollkommen gleichgültigen, monotonen oder unterkühlten Vortrag bemühen – eine von jeglicher Auslegung freie, also gewissermaßen klinisch reine akustische Darbietung literarischer Texte kann man sich überhaupt nicht vorstellen.

Ferner muß berücksichtigt werden, daß es neben Autoren mit rezitatorischer Begabung auch solche gibt, deren Unfähigkeit auf diesem Gebiet erstaunlich groß ist. Während also die einen die Wirkung ihrer Arbeit steigern, verderben andere den Eindruck, den sie bei gewöhnlicher Lektüre erwecken könnte. Nicht selten geschieht es sogar, daß der lesende Autor seinen Text verstümmelt, indem er undeutlich liest und einzelne Silben, ja ganze Worte verschluckt. Überdies eignen sich manche Arbeiten vortrefflich zur akustischen Darbietung, andere hingegen können eigentlich nur mit dem Auge wahrgenommen werden. In einer Geschichte, beispielsweise, in der die Darstellung des Erzählers mit Dialogen und inneren Monologen der auftretenden Gestalten kombiniert ist und in der sich der Autor womöglich noch einige Rückblenden leistet, kann selbst dem aufmerksamen und geübten Zuhörer mit Leichtigkeit ein Zeitsprung oder ein Wechsel der Bewußtseinsebene entgehen, wodurch das Ganze in der Regel nahezu unbegreiflich wird. Der Verfasser eines eingleisigen oder jedenfalls einfacher komponierten Prosastücks hat von vornherein geringere Widerstände zu überwinden.

Die Kritiker sollen jedoch weder über die Möglichkeiten des Autors als Vortragskünstler befinden noch darüber, ob sich sein Produkt zur Rezitation eignet. Sie haben einen literarischen Text sachgemäß und möglichst gerecht zu beurteilen, müssen also alle Faktoren, die sich aus der akustischen Darbietung zum Vorteil oder zum Nachteil des Verfassers ergeben, rücksichtslos eliminieren. Mithin entstehen für den Kritiker zusätzliche Schwierigkeiten. Übertreibe ich? Man könnte diese Schwierigkeiten getrost bagatellisieren, wenn ansonsten auf den Tagungen die Voraussetzungen für eine einigermaßen normale Arbeit der Kritik gegeben wären. Dies ist aber keineswegs der Fall. Der Kritiker hat nicht die Möglichkeit, den gebotenen Text oder auch nur einzelne Passagen, die ihm besonders wichtig oder symptomatisch zu sein scheinen, zu überprüfen. Er muß sich ganz und gar auf den ersten Eindruck verlassen. Wenn er etwa meint, die Arbeit zeuge von einem bemerkenswerten Fortschritt oder Rückschritt im Vergleich zu früheren Büchern desselben Verfassers, so muß er seinem Gedächtnis vertrauen.

Sogar das Zitieren aus dem zur Debatte stehenden Stück ist sehr schwierig. Natürlich kann sich der Kritiker während der Lesung Notizen machen. Aber welcher Kritiker kann stenographieren? Wenn er sich einen Satz notiert, riskiert er, daß ihm der nächste entgeht – und wer kann wissen, ob dieser nächste nicht just der Schlüsselsatz des ganzen Prosastücks ist? Vor allem wird der Kritik nicht die geringste Bedenkzeit zugestanden. Wenn sich auf den Tagungen zwanzig Sekunden nach dem letzten Wort eines vorgelesenen Stücks niemand zur kritischen Äußerung meldet, wird Hans Werner Richter in der Regel bereits unwillig. Beim Eiskunstlauf oder beim Kunstspringen der Wassersportler wird blitzschnell entschieden – noch ist der Körper des Springers nicht ganz im Wasser verschwunden, und schon heben die Schiedsrichter die Tafeln mit der Punktbewertung des Sprunges. Das wäre wohl das Ideal auch für die Tagungen der Gruppe, auf denen tatsächlich mit ähnlicher Geschwindigkeit geurteilt wird, nur daß die Schiedsrichter glücklicherweise nicht gleichzeitig, sondern nacheinander ihre Sprüche vorbringen. Beim besten

Willen kann man also dieser Kritik weder Sorgfalt noch Gründlichkeit nachsagen.

Der Beurteilung von literarischen Kunstwerken haftet fast immer etwas Fragwürdiges an. Auf den Tagungen der »Gruppe« wird diese Fragwürdigkeit der Kritik noch außerordentlich gesteigert. Kurzum: Wir haben es mit einem ziemlich unseriösen Phänomen zu tun, das sich der intellektuellen Hochstapelei bedenklich nähert.

Nachdem wir also den Ast, auf dem die Kritik der Gruppe 47 sitzt, zu Walsers maßloser Freude fast ganz abgesägt haben, wollen wir versuchen, ihn wieder anzukleben. Zwei Fragen drängen sich vor allem auf. Die Autoren, die auf den Tagungen ihre Arbeit lesen, wissen, daß sie nur improvisierte Soforturteile hören werden, die oft schonungslos und unbarmherzig sind. Sie wissen, daß sie, nach den schon traditionellen Spielregeln der Tagungen, nichts erwidern dürfen, sondern alles stumm über sich ergehen lassen müssen. Warum kommen sie trotzdem? Warum setzen sich angesehene und preisgekrönte Schriftsteller, deren Bücher hohe Auflagen erzielen und in viele Sprachen übersetzt werden, einer scheinbar so unernsten Kritik aus? Sind sie etwa Masochisten?

Und jetzt zur zweiten Frage. Jeder Literaturkritiker weiß, wie problematisch das Gewerbe ist, dem er nachgeht. Es gibt wohl kaum einen Kritiker, den nicht immer wieder bei seiner Arbeit die Erinnerung an die Fehlurteile und Sünden aufschreckt, von denen die Geschichte der Literaturkritik strotzt. Wie ist es nun zu verstehen, daß Menschen, die sich also der Fragwürdigkeit ihres Berufes bewußt sind, ihn einige Tage lang unter Umständen ausüben, die diese Fragwürdigkeit allem Anschein nach noch vergrößern? Warum sind hierzu Kritiker bereit, die schließlich einen Ruf zu verlieren haben? Sind etwa aus denselben Kritikern, die in ihren Aufsätzen jedes Wort abwägen, plötzlich für die Dauer der Tagung leichtfertige Burschen geworden, die flott und unbekümmert über literarische Arbeiten reden?

Die Kritik, wie sie auf den Tagungen geübt wird, hat sich aus der Praxis ergeben. Die Autoren kommen, weil sie Urteile über ihre Arbeit hören wollen – meist suchen sie eine Bestätigung des Weges, den sie eingeschlagen haben. Die Kritiker kommen, weil sie wissen wollen, was die Autoren schreiben. Sie alle sitzen im selben Boot, sie haben das gleiche im Auge: die Literatur. Um derartige Tagungen, die ohne mündliche Sofortkritik kaum vorstellbar sind, überhaupt durchführen zu können, haben sich beide Seiten stillschweigend auf einen Kompromiß geeinigt: Die Kritisierten und die Kritisierenden nehmen das Risiko und die Makel in Kauf, die improvisierten Kunsturteilen anhaften und anhaften müssen. Dieser Kompromiß hat sich, wie bisher, durchaus bewährt. Aus der Perspektive der Zeit kann wohl ohne Übertreibung gesagt werden, daß die meisten von der Kritik der Gruppe gefällten Urteile sich nicht als falsch erwiesen haben. Dies bezieht sich nicht auf Äußerungen einzelner mehr oder weniger prominenter Diskussionsteilnehmer, sondern lediglich auf das Gesamturteil, das nach einer Lesung gefällt wird und das immer aus der Summe mehrerer Ansichten besteht. So mißtrauisch uns auch das Wort »Kollektiv« stimmen mag, so muß doch gesagt werden: die Kritik der Gruppe 47 ist eine Kollektivkritik. Es hat sich herausgestellt, daß dieser Umstand viele Schwächen, die durch die Improvisation und das Tempo bedingt werden, auszugleichen vermag. Diejenigen, die sich zu einem soeben gebotenen Text äußern, tun es in dem Bewußtsein, daß sie nicht so sehr ein Urteil fällen als zu einem Urteil beitragen. Dies gilt für die Erzähler und Lyriker, die über die Arbeiten ihrer Kollegen sprechen, nicht weniger als für die Berufskritiker, auf deren Schultern die Last der Kritik vor allem ruht.

Wie alles andere, das die Gruppe 47 und die Prozedur ihrer Tagungen betrifft, hat sich auch die dominierende Rolle der professionellen Kritiker bei der Bewertung der Arbeiten aus der Praxis ergeben. Niemals wurde beschlossen, daß *sie* vor allem urteilen sollen. Es hat sich jedoch erwiesen, daß sie am ehesten dazu fähig sind, die Eigenarten eines nur gehörten Textes zu erkennen, ihn sofort zu bewerten und zugleich die Bewertung zu begründen. Daß eine improvisierte Äußerung mitunter einem druckreifen Gutachten ähneln kann, hat Walter Jens, der Konzertmeister unserer Kritik, also sozusagen der »Ober-Lumpenhund«, oft genug bewiesen. Die Mannigfaltigkeit der literaturkritischen Konzeptionen und Methoden wirkt sich fast immer günstig aus. Denn derselbe Gegenstand wird von verschiedenen Seiten beleuchtet, die Ansichten ergänzen sich, die Diskussionsteilnehmer korrigieren sich gegenseitig. Walter Höllerer plus Joachim Kaiser ist in der Regel ergiebiger als Höllerer allein oder Kaiser allein. Und wenn der Kaiser in seiner Qual verstummt, ist es dem Jens gegeben, zu sagen, wie er leidet.

Wir alle würden uns wohl nie erlauben, Arbeiten zu kritisieren, die wir nicht gelesen, sondern nur gehört haben, hätten wir nicht die Gewißheit, daß unsere schnellen Äußerungen von den Anwesenden mißtrauisch geprüft werden. Wie sich nämlich der lesende Autor der Kritik aller Teilnehmer der Tagung stellt, so stellt sich in einem gewissen Sinne jeder, der einen Text kritisiert, demselben Forum. Der erforderlichen Sofortreaktion der Kritik auf die gebotene Arbeit entspricht also die Sofortkontrolle, der wiederum die Kritik unterliegt. Vielleicht steckt darin das Geheimnis der Kritik auf den Tagungen der Gruppe 47. Gewiß, auch die Kollektivkritik kann Fehlurteile nicht vermeiden, aber sie hat sich, glaube ich, nicht als eine nur pragmatische oder gar von Verantwortungslosigkeit zeugende Lösung erwiesen, sondern als ein Instrument, das geeignet ist, literarische Arbeiten zu werten.

Goethe empfahl zwar, die Rezensenten totzuschlagen, er hat aber mitunter selber Rezensionen geschrieben. Dickens und Tolstoj haben sich ebenfalls literarkritisch betätigt. Und auch in ihren Ohren klang nichts so schrill wie das Schweigen der Kritik. In den Augenblicken, da wir den Sinn unserer Arbeit am meisten beargwöhnen, kann uns dieses Bewußtsein trösten. Die Autoren und Kritiker, sie ziehen denselben Wagen, wenn auch mitunter in verschiedenen Richtungen. Der Antagonismus, der zwischen den Kritisierten und den Kritisierenden besteht und immer bestanden hat, ist nicht so tief und so ernst, wie er zu sein scheint. Wer könnte schließlich mit Sicherheit sagen, ob in jenem heftigen Plädoyer Martin Walsers gegen die Kritik nicht auch herzliche oder vielleicht sogar fast zärtliche Töne verborgen waren? Sicher ist jedenfalls, daß auch er, der Verfasser eines Buches über Franz Kafka, zu uns, den Lumpenhunden, gehört. (1962)

Nichts als deutsche Literatur

Sie meint: »Wenn ich nicht wüßte, mit welch stolzer Leidenschaft Sie Ihrem Beruf ergeben sind . . .« Aber er unterbricht sie: »Sagen Sie nichts von ›Beruf‹, Lisaweta Iwanowna! Die Literatur ist überhaupt kein Beruf, sondern ein Fluch . . .«

Also sprach der Schriftsteller Tonio Kröger aus Lübeck, jener junge Mann, der oft sterbensmüde war, »das Menschliche darzustellen, ohne am Menschlichen teilzuhaben«.

Nein, natürlich sind diese hundert Literaten, diese Schriftsteller, Kritiker, Redakteure und Verleger, die sich für drei Tage in Berlin-Wannsee getroffen haben, in einem Haus, das sich unweit jenes Grundstücks Bismarckstraße 3 befindet, wo einst im Alter von vierunddreißig Jahren Preußens größter Dichter Selbstmord begangen hatte und begraben liegt – natürlich sind sie nicht alle dem Fluch der Literatur verfallen. Für viele ist sie nur ein Beruf, für andere soll sie es erst werden.

Aber auf einen Teil von ihnen mag das Wort Tonio Krögers zutreffen. Ob sie die Literatur lieben, weiß ich nicht. In lite-

rarischen Kreisen hat man zuviel mit Gefühlen zu tun, um
noch untereinander über Gefühle zu reden: Die Schriftsteller,
die schamlos genug sind, ihren Lesern die geheimsten Regungen des menschlichen Körpers und der menschlichen Seele zu
zeigen, erweisen sich meist als schamhafte Individuen.

Liebt übrigens der Alkoholiker den Alkohol, der Rausch-
giftsüchtige das Rauschgift?

Wahrscheinlich sind es diejenigen, auf denen die Literatur
wie ein Fluch lastet, die es ermöglichen, daß diese Schriftstellertreffen, die sich »Tagungen der Gruppe 47« nennen, un-
zähligen Schwierigkeiten zum Trotz doch immer wieder zu-
standekommen.

Denn dem Literaten ist der Trieb zur Mitteilung und zum
Austausch eingeboren. Oft kann er die Kollegen kaum ertragen. Aber er benötigt sie, wie die Literatur stets den Sammelplatz braucht, das Kulturzentrum. Wo es ein solches Zentrum nicht gibt, schafft sie es sich selber – wenigstens für drei
Tage im Jahr.

So ist Hans Werner Richter, der diese Tagungen regelmäßig
einberuft, der oft willkürlich handelt und eine nicht geringe
Macht ausüben darf, letztlich doch nicht ein willkürlich
regierender Gruppenchef oder gar ein mächtiger Diktator,
sondern in einem höherem Maße, als er sich selber dessen
bewußt sein mag, ein Medium der Epoche. Und so gibt es die
1947 gegründete Gruppe, deren endgültiger Untergang seit
1948 ständig unmittelbar bevorstand, bis heute; und sie wird,
wie die Dinge in Deutschland liegen, weiterhin existieren.
Die Tatsache, daß sich die Liste der Teilnehmer alljährlich
nicht unerheblich ändert, was manche als Zeichen einer
gefährlichen Krise auffassen wollten – gerade diese Tatsache
hat die Interessantheit und den Wert der Tagungen gesteigert.

Denn die Frage, ob dieser oder jener prominente Autor noch
mitmacht, hat inzwischen jegliche Bedeutung eingebüßt. Es
ist begreiflich, daß manche der längst arrivierten, zumal älteren Schriftsteller nur noch selten kommen. Aber im Grunde

ist nicht ihre Abwesenheit wichtig, sondern die Anwesenheit der jungen Talente. Nicht trotz, sondern eben dank der erhöhten Fluktuation, die es verhindert, daß aus der Gruppe 47 ein Verein oder eine Korporation von Alten Herren wird, sind die Tagungen zentrale Ereignisse des literarischen Lebens der deutschsprachigen Welt geblieben.

Dabei hat es auch diesmal nicht an Schriftstellern gefehlt, die – was immer sie in Zukunft schreiben sollten – schon zur Geschichte der deutschen Literatur dieser Jahrzehnte gehören: der Mann, der im Namen einer ganzen Generation die Frage gestellt hat: *Wo warst du Adam?*, der Autor der *Blechtrommel*, der Dichter der *Mutmaßungen*, der Poet, dem wir das Spiel von der *Verfolgung und Ermordung Jean Paul Marats* verdanken.

Besonders herzlich wurde Wolfdietrich Schnurre, einer der Mitbegründer der Gruppe, begrüßt, nach einer schweren Krankheit halbwegs genesen. Wir warten auf seine Arbeiten, wir hoffen, seine oft ärgerliche, aber immer aufrichtige Stimme bald wieder hören zu können.

Im Haus am Wannsee, das jetzt Sitz des »Literarischen Colloquiums« ist, hat schon einmal ein Treffen der Gruppe 47 stattgefunden: im Oktober 1962. Es waren die Tage der Kuba-Krise. Trotzdem analysierten die versammelten Schriftsteller mit provozierender Gelassenheit Lyrik und Prosa. Sie schienen entschlossen, sich nicht beirren zu lassen. Plötzlich hörte man, daß einer, der an der Tagung teilnehmen wollte, nicht kommen könnte. Behörden der Bundesrepublik hatten das dringende Bedürfnis gehabt, Rudolf Augstein zu verhaften.

Die Nachricht schreckte die Anwesenden auf. Die Schriftsteller begriffen, daß ihnen von jenen, die an alles andere als an die Literatur gedacht hatten, eine bittere Lektion erteilt wurde. Der Sinn des unerwarteten Anschauungsunterrichts ließ sich in einem Satz zusammenfassen – etwa in diesem: Eine Literatur, die die Fragen ihrer Zeit ignorieren möchte, spricht sich selbst ihr Urteil. So schützt das Leben die

Schriftsteller vor der Weltfremdheit und erinnert sie an die
Pflichten, die ihnen die Epoche auferlegt.

Auch jetzt hatten deutsche Behörden auf die Liste der Teilnehmer einen gewissen Einfluß gehabt. Diesmal waren es
die Behörden der DDR. Richter hatte zehn Schriftsteller aus
Ostberlin eingeladen. Nur sieben durften kommen, und
zwar: Friedemann Berger, Franz Fühmann, Stephan Herm-
lin, Bernd Jentzsch, Günter Kunert, Karl Mickel, Rolf
Schneider.

Die erforderliche Genehmigung wurde ihnen übrigens erst
im letzten Augenblick erteilt. Die zuständigen Funktionäre
scheinen sich lange darüber Gedanken gemacht zu haben, ob
es zulässig und opportun sei, diesen Schriftstellern die S-
Bahn-Fahrt nach Berlin-Wannsee zu erlauben.

In drei Fällen allerdings zeigten sich die Behörden der DDR
unerbittlich: Peter Huchel, Wolf Biermann und Manfred Bieler erhielten keine Passierscheine. Warum? Wollte man sie
bestrafen? Oder hat die DDR Angst vor ihren Dichtern?
Fürchtet man in Ostberlin die stillen Verse Huchels, die frechen Lieder Biermanns, die satirische Prosa Bielers? Will man
auf diese Schriftsteller – aus welchen Gründen auch immer –
Druck ausüben?

Begreifen die Kulturpolitiker nicht, daß sie sich selber durch
derartige Maßnahmen in eine Prestige-Situation manövrie-
ren, aus der sie dann schwer einen Ausweg finden können?
Soll Huchel im Westen als Märtyrer gelten, soll hier ein Bier-
mann-Mythos entstehen und vielleicht noch eine Bieler-
Legende? Wer ist eigentlich daran interessiert?

In dem soeben in Westberlin erschienenen Gedichtband Wolf
Biermanns *Die Drahtharfe* findet sich eine ›Antrittsrede des
Sängers‹, die mit den Worten beginnt: »Die einst vor Maschi-
nengewehren bestanden / fürchten sich vor meiner Gitarre.
Panik / breitet sich aus, wenn ich den Rachen öffne . . .« Und
später heißt es: »Schnallt Euch die Angstriemen von der
Brust!«

Auf jeden Fall sollten die Kulturpolitiker der DDR wissen,

daß diese Ausreiseverbote von manchen in der Bundesrepublik mit größter Genugtuung registriert werden – von jenen nämlich, die sich, offen oder versteckt, der Zusammenarbeit von Schriftstellern und Intellektuellen aus Ost und West widersetzen.

Und Peter Huchel, Wolf Biermann und Manfred Bieler wiederum sollten wissen, daß während der diesjährigen Tagung der Gruppe 47 oft und herzlich von ihnen die Rede war.

Drei Tage lang Literatur. Nichts als Literatur in deutscher Sprache. Gedichte, Erzählungen, Romanausschnitte, Dramenakte, Hörspiele. Geschrieben von sechsundzwanzig Autoren aus der Bundesrepublik, aus der DDR und der Schweiz, aus London und Rom. Fünfundzwanzig Herren und nur eine Dame. Alter der Lesenden: zwischen fünfundzwanzig und fünfundvierzig Jahren. Unter ihnen einige namhafte Schriftsteller, deren Bücher schon preisgekrönt und in mehrere Sprachen übersetzt wurden. Andere fast oder ganz unbekannt.

Nach jeder Lesung die auf den Tagungen übliche mündliche Sofortkritik oder, richtiger gesagt, die Diskussion über das Gebotene.

Was man zu hören bekam, mußte also bestehen vor Joachim Kaisers bewährter Intelligenz und Sensibilität, vor Hans Mayers imponierender Bildung und Beredsamkeit, vor Walter Höllerers wohlwollender Präzision und Gründlichkeit. Diesen Kritikern halfen zwei Fachkollegen, die erstmalig an einem Treffen der Gruppe teilnahmen: Rudolf Hartung und Hellmut Karasek.

Vor allem aber haben zur Beurteilung der vorgelesenen Proben diesmal mehr denn je die Lyriker und Erzähler beigetragen – so unter anderen Hans Bender, Erich Fried, Peter Härtling, Reinhard Lettau, Peter Weiss und, wohl am intensivsten, der ungewöhnlich aufmerksam zuhörende Günter Grass.

Nachdem ein junger Mann einige Gedichte gelesen hatte, fragte mich Fritz J. Raddatz, der bis 1958 Bürger der DDR war und auch jetzt die dort entstehende Literatur regelmäßig beobachtet, ob dieser Autor aus der Bundesrepublik oder aus der DDR käme. In der Tat, seinen Versen war nicht zu entnehmen, ob er zur Teilnahme an der Tagung einen Passierschein gebraucht hatte.

Der Vorfall scheint mir symptomatisch zu sein. Hätte ich erkannt, daß die Verse von Günter Herburger in der Bundesrepublik und die von Karl Mickel in der DDR entstanden sind? Hätte ich wirklich aus den Romanausschnitten von Ingrid Bachér, Peter Härtling oder Günter Seuren auf den Wohnsitz ihrer Verfasser im Westen geschlossen, hätte ich Rolf Schneiders Erzählung als DDR-Prosa identifiziert? Ich bin dessen keineswegs sicher.

Natürlich besteht zwischen dem, was diese Autoren aus West und Ost schreiben, und der Welt, in der sie leben, ein Zusammenhang, bisweilen freilich in reziprokem Sinne. Doch die Mittel haben sich hier wie da verfeinert. Daher ist der Abstand geringer geworden, die Grenzen verschwimmen.

Der Unterschied zwischen den Arbeitsbedingungen der deutschen Schriftsteller östlich und westlich der Elbe läßt sich kaum überschätzen. Es wäre einfach unsinnig, das literarische Leben dort mit dem literarischen Leben hier vergleichen zu wollen. Aber zwei deutsche Literaturen gibt es nicht.

Schreiben etwa die besten jüngeren Autoren in der DDR jetzt häufiger nach westlichen Vorbildern? Eine solche Behauptung würde den wirklichen Sachverhalt auf ungebührliche Weise vereinfachen. Indes scheint es mir sicher, daß sie die angestrebte Wirkung in viel höherem Maße als noch vor fünf oder zehn Jahren mit dem Indirekten zu erreichen versuchen, mit jenen Mitteln, von denen der Sozialistische Realismus nichts wissen will – so mit der Provokation, dem *Understatement*, der bewußten Verunstaltung der Phänomene.

Zugleich spielt in der westdeutschen Literatur das Artifizielle, das den anmaßenden Anspruch erhebt, als Avantgarde zu gelten, kaum noch eine Rolle. Die modischen Textbastler hatten auf der Tagung der Gruppe 47 nicht die geringste Chance. Andererseits sollte man nicht übersehen, daß in fast allen vorgelesenen Prosa- wie Lyrik-Versuchen moralische, psychologische und zeitkritische, jedenfalls auffällig zeitnahe Motive vorherrschen.

Karl Mickels Gedicht »Odysseus in Ithaka« beginnt mit den Worten: »Wo bin ich?« Und diese Frage scheint mir im Mittelpunkt der meisten vorgelesenen Proben zu stehen. Also eine Literatur nicht des Protests oder des Schreis, sondern eher der Besinnung und der Selbstanalyse, nicht der Attacke, sondern eher der Reflexion.

Daher glaube ich, oft einen zwar nicht resignierenden, aber doch leicht melancholischen Ton gehört zu haben: in Siegfried Lenz' ausgezeichnetem und vielversprechendem Romananfang, in Peter Härtlings schöner, zart-melodischer Erinnerungsprosa, in einer fast virtuos geschriebenen Szene von Günter Seuren, in einem herb-zurückhaltenden Kapitel von Ingrid Bachér, in einer beachtlichen Erzählung des Debütanten Gerd Fuchs, in den Prosastücken von F. C. Delius, Wolfgang Held und Dieter Wellershoff.

Wird in der nächsten Zeit in der deutschen Prosa die Introspektion triumphieren? Manches deutet darauf hin. Und es scheint mir mitnichten ein Zufall, sondern ein charakteristischer Umstand zu sein, daß zu den weitaus besten vorgelesenen Stücken der Monolog eines Mannes vor dem Spiegel gehört – es handelt sich um einen ebenso witzigen wie geistreichen Abschnitt aus einem Roman von Jakov Lind.

Mit dieser Neigung zur Introspektion mag es auch zusammenhängen, daß mehrere Autoren sexuellen Motiven jeglicher Art beizukommen versuchten, fast immer allerdings vergeblich. Nur ein Erzähler zeigte sich seinem gewagten Thema vollkommen gewachsen: Hubert Fichte. Er schreibt mit ironischem Trotz, mit kalter Brillanz. Er schreibt intelligent.

Sie alle, die diesmal bemerkenswerte Prosa gelesen haben – ob Lenz oder Lind, ob Fichte, Härtling oder Schneider –, sind außerordentlich intelligente Schriftsteller. Die Zeit der naiven, der etwas einfältigen Erzähler – sie ist, wie die Tagung abermals erkennen ließ, längst vorbei.

In einem Gedicht des Ostberliners Günter Kunert, der »den Alleinseligmachenden: den Widerspruch« besingt, ist einmal die Rede von »den Rätseln, den oft und immer beinahe richtig gelösten«. Das gilt wohl auch für diese Schriftsteller – sie kennen die Grenzen ihrer Möglichkeiten und wissen, daß sie die Rätsel bestenfalls »beinahe richtig« lösen können.

Als der dreißigjährige Schweizer Peter Bichsel am letzten Tag des Treffens aus einem neuen Manuskript zu lesen begann, gab es im Auditorium auch solche, deren Angst wohl größer war als die dieses Primarlehrers aus Zuchwil, Kanton Solothurn. Vor einem Jahr, in Sigtuna, war es ihm gelungen, die Tagung der Gruppe 47 mit sanfter Gewalt und listigem Charme zu bezwingen. Nun hatte er es riskiert, noch einmal zu lesen.

Würde er sich wiederholen, sich selbst plagiieren? Es wurde mehr als eine Bewährungsprobe. Und jene, die gewohnt sind, über Literatur so nüchtern wie möglich zu sprechen, sahen keinen Grund, ihre (mit Verlaub) Rührung zu verbergen.

Bei der geheimen Abstimmung für den Preis der Gruppe 47, der zum neunten Male verliehen wurde, erhielt Peter Bichsel bereits im ersten Wahlgang die erforderliche absolute Mehrheit. Eine so schnelle Entscheidung hat es in der Geschichte der Gruppe 47 nur in zwei Fällen gegeben: im Jahre 1950, als man Günter Eich auszeichnete, und im Jahre 1958, als der Preisträger Günter Grass hieß.

Die Gruppe hat bei den bisherigen Preisverleihungen ein ungewöhnlich sicheres Urteil bewiesen – nicht nur für Qualität, sondern auch für das (in des Wortes bestem Sinne) Zeitgemäße. Natürlich galten die Preise, beispielsweise, für Heinrich Böll (1951) oder Ingeborg Bachmann (1953) oder Günter Grass (1958) nur diesen Autoren und den von ihnen auf den Tagungen vorgelesenen Arbeiten.

Aber inzwischen wissen wir, daß mit diesen Preisen zugleich – ohne daß es je beabsichtigt gewesen wäre – auf wesentliche Strömungen der deutschsprachigen Literatur der fünfziger Jahre hingewiesen wurde. Dies, glaube ich, wird auch auf den Preis von 1965 zutreffen. Denn im Unterschied zu manchen meiner Kollegen bin ich der Ansicht, daß Peter Bichsels Prosa typisch ist für einen großen Teil der deutschen Literatur unserer Tage – einer Literatur, die mit leisen Tönen und einem wissenden Lächeln vom Leben der kleinen Leute erzählt. Und die die Frage stellt: »Wo bin ich?«

Die Preiskrönung dieser helvetischen Idyllen ohne Idyllik ist auch eine Entscheidung für das Erzählen schlechthin, für jenes zumal, das mit konsequenter Unaufdringlichkeit der sinnlich wahrnehmbaren Welt gerecht zu werden versucht und das die Anmut der Natürlichkeit mit artistischer Virtuosität zu verbinden weiß. Um es noch deutlicher zu sagen, dieser Preis ist die höchst notwendige und längst fällige Entscheidung gegen das Krampfhaft-Modische in der Gegenwartsliteratur und für die künstlerische Qualität.

Zum Abschluß der Tagung fand, der Tradition gemäß, ein Fest statt. Peter Bichsel konnte nicht dabeisein, denn er war schon wieder in Zuchwil, um am nächsten Morgen rechtzeitig vor seinen Schülern zu stehen. Günter Kunert, Rolf Schneider und einige andere Freunde aus Ostberlin mußten vor Mitternacht aufbrechen. Denn ihre Passierscheine liefen ab. Zu den fröhlichen Gästen gehörte auch Rudolf Augstein.

Es war übrigens der 21. November 1965, der Tag, an dem der deutsche Dichter Heinrich von Kleist freiwillig sein Leben beschlossen hatte. »Sagen Sie nichts von ›Beruf‹, Lisaweta Iwanowna . . .« (1965)

Das Ende der Gruppe 47

Was war das? Noch eine literarische Tagung? Oder ein ungewöhnliches Jubiläums-Treffen? Oder gar eine sonderbare Trauerfeier? Es läßt sich schwer definieren, was da am vergangenen Wochenende stattgefunden hat. Auf jeden Fall war es ein literarhistorisches Ereignis – und die wir dabei waren, wir werden es nicht vergessen.

Bewundert viel und viel gescholten, heftig bekämpft und häufig nachgeahmt, war sie, die man jetzt mit einem heitern und mit einem nassen Auge zu Grabe getragen hat, schon zu ihren Lebzeiten eine Legende. Sie war und ist Gegenstand wissenschaftlicher Untersuchungen in vielen Ländern, sie war und ist Thema von Seminaren und Vorlesungen, Symposien und Prüfungen. Ich spreche von der originellsten und berühmtesten literarischen Gruppierung, die Deutschlands Literatur in diesem Jahrhundert hatte – von der Gruppe 47.

Sie war nie ein Verband oder ein Verein, ein Klub oder eine Gesellschaft. Sie hatte nie eine Satzung oder ein Programm, eine Mitgliedsliste oder einen Vorstand. Sie hatte immer nur Hans Werner Richter. Er war ihr Organisator und Gesprächsleiter von Anfang an, er war einer von denen, die sie im September 1947 ins Leben gerufen haben. Und er war der einzige, der sie zwanzig Jahre lang am Leben gehalten hat.

Diese Gruppe, meinte Richter gelegentlich, sei nicht mehr und nicht weniger als ein Freundeskreis. Aber dieses Wort trifft den Sachverhalt nur ungenau. Denn die Zusammensetzung war nie konstant, der Freundeskreis veränderte sich von Jahr zu Jahr. Genau betrachtet, war die Gruppe 47 keine Organisation, sondern eher ein Zentrum, ein Sammelplatz, eine drei Tage im Jahr existierende literarische Probebühne.

Die Tagungen der Gruppe 47 vereinten die besten Schriftsteller und die intelligentesten Kritiker. Richter, von dem alle

Einladungen abhingen, regierte übrigens gar nicht so selbst-
herrlich, wie oft angenommen wird. Er verließ sich nie auf
seinen literarischen Geschmack, wohl aber auf das Urteil
einiger Berater. Und er wählte sich diese Berater klug und
sorgfältig aus.

Mit welcher Sicherheit Literatur auf den Tagungen der
Gruppe bewertet wurde, beweist schon die Liste der Preisträ-
ger in den fünfziger Jahren. Die damals preisgekrönt wurden,
waren, wenn nicht gänzlich Anfänger, so jedenfalls in der
Öffentlichkeit kaum bekannte Autoren: Sie hießen Günter
Eich und Heinrich Böll, Ingeborg Bachmann und Ilse
Aichinger, Günter Grass und Martin Walser.

Als erste Tagung der Gruppe 47 – aber es war gewiß keine
richtige Tagung, und noch gab es die Bezeichnung »Gruppe
47« nicht – gilt ein Treffen Mitte September 1947 in Bann-
waldsee bei Füssen im Allgäu. Zwanzig Jahre später, im
Oktober 1967, traf man sich in einem zwischen Nürnberg
und Bayreuth idyllisch gelegenen Gasthaus, in der »Pulver-
mühle«. Dort kam es zu der inzwischen oft beschriebenen
Konfrontation zwischen den Schriftstellern, die, allen zeitge-
schichtlichen Ereignissen zum Trotz, wie eh und je literarische Texte lasen und analysierten, und eigens angereisten Studenten, die die Versammelten als »Dichter« beschimpften
und zu Tat und Kampf aufforderten.

Für die nächste Tagung (denn noch war Richter entschlossen,
auf keinen Fall zu kapitulieren), lag eine Einladung des tsche-
choslowakischen Schriftstellerverbands vor: Oktober 1968
war vorgesehen, das Schloß Dobris bei Prag sollte der Schau-
platz sein. Dazu ist es nicht mehr gekommen; was manchen
von vornherein falsch schien, wurde durch den sowjetischen
Einmarsch in die Tschechoslowakei verhindert.

Jetzt also, dreißig Jahre nach der ersten, zehn Jahre nach der
letzten Tagung, hatte Richter, von dem seit einiger Zeit nur
wenig zu hören war, überraschend die Losung ausgegeben:
Wir treffen uns noch einmal. Ein Wiederbelebungsversuch?

Nein, hieß es, keineswegs, lediglich ein unwiderruflicher Abschluß, ein nachgeholter Abgesang, ein längst fälliger Abschied.

Als Tagungsort hatte Richter die etwas abseits zwischen Donautal und Bodensee gelegene oberschwäbische Kleinstadt Saulgau gewählt. Warum gerade Saulgau? Vielleicht deshalb, weil dort, in dem alten Hotel Kleber-Post, einer ehemaligen königlich-württembergischen Posthalterei, eine der besten Tagungen der Gruppe 47 stattgefunden hat. Das war im Herbst 1963. Johannes Bobrowski und Hans Magnus Enzensberger, Hildesheimer, Fried und Heißenbüttel, Konrad Bayer und Hubert Fichte lasen ihre neuen Arbeiten, Peter Weiss verblüffte mit seinem von der Gruppe sofort als außergewöhnlich erkannten Theaterstück über die Verfolgung und Ermordung des Jean Paul Marat. Zu jenen, die über die gebotenen Texte diskutierten, gehörte damals auch Ernst Bloch.

Im September 1977 sind viele, die einst an den Tagungen teilgenommen haben, an dem Abschiedstreffen nicht interessiert. Sie hätten, hört man, andere Verpflichtungen, was insofern wahrscheinlich ist, als die Tagung kurzfristig anberaumt wurde. Doch mag noch ein anderer Faktor hier eine Rolle gespielt haben: Auch Schriftsteller, denen das Sentimentale nicht fremd ist, fürchten die Sentimentalität im Alltag. Ein Veteranentreffen – das schickt sich doch nicht. Seit Wochen wurde gescherzt, die Blaskapelle der Freiwilligen Feuerwehr von Saulgau werde wohl den Marsch »Alte Kameraden« spielen.

Aber sie kamen doch: Günter Grass und Uwe Johnson, Ilse Aichinger, Wolfgang Hildesheimer und Jürgen Becker, Helmut Heißenbüttel, Wolfdietrich Schnurre und Milo Dor, Ingrid Bachér, Horst Bienek und Carl Amery, Walter Jens, Hans Mayer und Peter Wapnewski, Reinhard Baumgart, Joachim Kaiser und Fritz J. Raddatz. Auch die Verleger waren, obwohl es diesmal doch keine Literaturbörse gegeben hat, herbeigeeilt: Siegfried Unseld, Ledig-Rowohlt und Klaus Piper und noch einige andere.

Um das Sentimentale zu verdrängen, gab man sich möglichst heiter. Überdies hörte jeder von jedem, er habe sich in den letzten zehn Jahren überhaupt nicht verändert. Wie üblich unterhielt man sich wortreich über die Mißerfolge der Kollegen. Der eigenen Erfolge wurde zwar, wie in diesen Kreisen üblich, nicht gedacht, wohl aber der vielen leidigen Verpflichtungen: Man müsse bedauerlicherweise rasch wieder abreisen, denn man werde erwartet – zu einem Vortrag, einer Lesung, einer Konferenz, einem Fernsehauftritt, einem Symposion. Es sind vielbeschäftigte Damen und Herren, die sich jetzt in Saulgau freundlich zunickten.

Trotzdem hörten sie sich geduldig an, was die Kollegen zu bieten hatten. Denn nach der Verlesung des Gratulationsbriefs des Bundespräsidenten und nach der knappen und betont unpathetischen Totenehrung wurden, wie immer auf diesen Tagungen, literarische Texte gelesen und sofort kritisiert.

Den Anfang machte Jürgen Becker. Das sollte einen tieferen Sinn haben, da Becker, der einige Gedichte las, der letzte Preisträger der Gruppe 47 ist. Es folgte Helmut Heißenbüttel mit heiteren Kürzestgeschichten und einigen Gelegenheitsgedichten. Anders als auf früheren Tagungen durften diesmal auch gedruckte Texte gelesen werden. So hörte man von Ilse Aichinger neben einigen unveröffentlichten Gedichten ein Kapitel aus ihrem Buch »Schlechte Wörter«.

Zum letztenmal konnte man es erleben, wie die berüchtigte und gefürchtete, die nicht zu Unrecht so oft als virtuos gerühmte Sofortkritik der Gruppe 47 funktionierte. Die Beurteilung der Verse von Jürgen Becker geriet zur glanzvollen Darbietung des Scharfsinns und der Geistesgegenwart der Kritik. Freilich hatte man den Eindruck: Sie analysierte nicht nur das Vorgelesene, sie feierte auch sich selbst. Bei den nächsten Lesungen waren die professionellen Schiedsrichter schon weniger eifrig. Ohnehin hatte man sich geeinigt, man werde diesmal nicht hart zuschlagen und eher um Harmonie bemüht sein. Die Kritiker zeigten ihre, wie sich erwies, keineswegs verrosteten Waffen, doch machten sie von ihnen nur lässig und vorsichtig Gebrauch.

In den Texten von Ilse Aichinger, Becker und Heißenbüttel entdeckte man übrigens gemeinsame Nenner: Schwermut, Resignation, Pessimismus, Ratlosigkeit. Auf die eigene Ohnmacht wurde oft angespielt, von der großen Vergeblichkeit war mehrfach die Rede. Es wäre abwegig, anzunehmen, dies alles sei für die zeitgenössische deutsche Literatur charakteristisch. Und doch kam hier Symptomatisches zum Vorschein, aber es gilt vermutlich nur für eine bestimmte Generation, für manche jener Autoren, die jetzt zwischen fünfundvierzig und sechzig Jahre alt sind.

Um nicht ganz mit der Tradition der Gruppe zu brechen, ließ man wenigstens einen Schriftsteller zu Worte kommen, der noch nie auf einer Tagung der Gruppe gelesen hatte: es war Michael Krüger, der Gedankenlyrik vortrug. Doch weder das Gedankliche noch das Lyrische konnte recht überzeugen.

Von Wolfgang Hildesheimer hörte man ein Kapitel aus seinem soeben erschienenen *Mozart*-Buch. Es wurde, da es sich hier um ein wissenschaftliches Werk handelt (Hildesheimer sagte bescheiden, es sei ein »Sachbuch«), nicht kritisiert. Vielmehr zog man es vor, dem Autor einige Fragen zu stellen.

Der nächste Tag war, da Richter offensichtlich Schwierigkeiten hatte, das Programm auf attraktive Weise zu füllen, vor allem Günter Grass gewidmet. Nachdem er eine Prosapassage und drei Gedichte aus dem *Butt* zum besten gegeben hatte, ließ Richter zum ersten und letzten Mal in der Geschichte der »Gruppe 47« drei Kritiker nacheinander und in alphabetischer Reihenfolge auf dem Vortragssessel Platz nehmen. Joachim Kaiser, Fritz J. Raddatz und Marcel Reich-Ranicki lasen ihre bereits publizierten Kritiken des Romans *Der Butt* vor.

In der anschließenden Diskussion, die aus Zeitmangel nur kurz war, fiel vor allem die Äußerung von Grass auf. Er hielt es, wie nicht anders zu erwarten war, für richtig und nötig, sich zu wehren. Die deutsche Literatur habe sich, sagte er, seit den fünfziger Jahren außerordentlich entwickelt und sei zur Zeit überaus interessant, sie werde in der ganzen Welt bewundert. Hingegen arbeite die deutsche Literaturkritik immer noch mit den Instrumenten aus den fünfziger Jahren.

Nach diesen Verlautbarungen, die nicht erörtert wurden, erzielte Grass einen Lacherfolg: Er bedauere, gestand er, daß das neue Ehescheidungsrecht nicht auf das Verhältnis Autor–Kritiker angewandt werde. Dem ist zu entnehmen, daß Grass sich von manchen seiner Kritiker gern trennen und sich andere wählen möchte. Er träumt offenbar von einer harmonischen Beziehung. Sein Wunsch und Traum wurden nicht diskutiert.

Zum Abschluß der Tagung hatte sich Richter etwas in der Tat Effektvolles ausgedacht. Wolfdietrich Schnurre las ebenjene Geschichte *Das Begräbnis* vor, mit der im September 1947 die erste Tagung der Gruppe 47 eröffnet wurde. Das war ein stilvoller und glücklicher Einfall. Denn diese Geschichte, ein für die Literatur kurz nach 1945 überaus charakteristisches Prosastück, ist immer noch gut.

Dann ist eine Abschiedsrede von Hans Werner Richter fällig. Er will sprechen, aber er sagt nur drei Worte: »Ich bedanke mich«, er hat Tränen in den Augen, mehr reden kann er nicht, er wendet sich ab, alle schweigen betreten. Unter Schriftstellern, zu deren Metier es gehört, Rührung hervorzurufen, ist es nicht üblich, Rührung zu zeigen. Niemand steht auf, Richter sagt, etwas schroff, man solle doch rausgehen: »Es ist zu Ende.«

Einige bemühen sich um den immer nur zum Fenster gewandten Richter und bieten ihm, was Schriftsteller in jeder Situation zu bieten haben: Worte. Eine Frau ist vernünftiger und praktischer als die verlegenen Herrn. Sie holt rasch ein Glas Sekt. Richter hat immer noch Tränen in den Augen. Nicht nur er. Die sonst so hartgesottenen Damen und Herren sind gerührt und ergriffen.

Die Tagung ist beendet. Wir gehen spazieren. Der Versuch, sich über Mozart oder Grass zu unterhalten, ergibt nichts. Das Gespräch ist schwerfällig, auch eloquente Rhetoriker und beredte Kritiker sind plötzlich sehr einsilbig.

Durch Saulgau fahren jetzt Dutzende amerikanischer Panzerwagen, denn in dieser Gegend findet gerade ein großes Manöver statt. Der Lärm ist höllisch, aber er kommt nicht ungelegen. Wir brauchen nicht weiterzureden. Jeder ist mit seinen Gedanken allein. Sie kreisen, scheint es, um ein einziges Thema: Hans Werner Richter.

Zwanzig Jahre lang hat er gewiß nicht alle, doch sehr viele deutsche Schriftsteller den Gegensätzen zum Trotz zu vereinen vermocht. Das hat es in der Geschichte dieser Literatur noch nie gegeben. Wir alle haben ihm zu danken. Das Abschiedstreffen war auch und vor allem eine Demonstration dieser Dankbarkeit.   (1977)

Arbeitstagung und Modenschau

Dieses Buch dokumentiert ein literarisches Ereignis, das, zumal in Österreich, verunglimpft und offen bekämpft wurde, lange bevor es überhaupt stattgefunden hatte. Später, nach den Lesungen von 23 Autoren aus der Bundesrepublik, der DDR, Österreich und der Schweiz, nach den sofort erfolgten Äußerungen der Jury zu diesen 23 Arbeiten, nach der Verleihung der beiden Preise und des Stipendiums, später also schlug die Stimmung um: Trotz vieler Einwände und Vorbehalte, die übrigens eher Einzelheiten betrafen, war sich die Mehrheit der Beobachter und Berichterstatter doch einig, daß diese im Rahmen der Klagenfurter »Woche der Begegnung« erstmalig veranstalteten »Tage der deutschsprachigen Literatur« als eine zumindest nützliche Einrichtung zu begrüßen seien.

Im äußersten Winkel des deutschsprachigen Raums ist der Versuch, in Gegenwart des Publikums und vor den Mikrophonen des Rundfunks und den Kameras des Fernsehens einen literarischen Wettbewerb durchzuführen, eindeutig gelungen. Nicht die Pessimisten haben recht behalten, sondern die Optimisten. Schon hört man, daß einzelne Autoren und Verleger, die es 1977 für richtiger hielten, nicht nach Klagenfurt zu kommen, nunmehr bereit seien, 1978 mitzumachen. Und das ist überaus erfreulich.

Also alles schön und gut? Sind die Zweifler und Skeptiker widerlegt worden? Nein, so einfach ist es eben nicht: Was sich im Juni 1977 in Klagenfurt abgespielt hat, war schon fragwürdig. Und davon soll hier offen die Rede sein.

Als fragwürdig muß man zunächst einmal die Jury bezeichnen, die über die vorgelesenen Texte zu urteilen und über die Preise und das Stipendium zu befinden hatte. Berufen wurden die Mitglieder dieser Jury von den beiden Initiatoren und Organisatoren des Klagenfurter Wettbewerbs, von Humbert Fink, der im Namen der Landeshauptstadt Klagenfurt handelte, und von Ernst Willner, dem Repräsentanten des Österreichischen Rundfunks.

Schon auf den ersten Blick ist erkennbar, daß man sich bemüht hat, die Jury aus deutschen, österreichischen und schweizerischen Schriftstellern und Kritikern, aus Vertretern verschiedener Generationen, aus Anhängern unterschiedlicher, ja gegensätzlicher literarischer Richtungen und Tendenzen zusammenzustellen. Aber waren jene, die meinten, es handle sich hier um eine etwas willkürlich berufene Jury, ganz im Unrecht?

Überdies wurde einzelnen Juroren von Berichterstattern vorgeworfen, sie hätten verblüffende oder geradezu abwegige Urteile gefällt. In manchen kritischen Artikeln über das Klagenfurter Treffen ist die Kompetenz dieser Juroren angezweifelt oder direkt bestritten worden. Sind solche Beanstandungen der Berichterstatter ganz falsch oder ungerecht? Waren alle Klagenfurter Juroren vorbildliche Richter, gegen die nichts zu sagen wäre?

Fragwürdig war beim Klagenfurter Wettbewerb ferner die Auswahl der eingeladenen Autoren. Es stimmt nicht, daß die beiden Organisatoren ganz selbständig darüber entscheiden konnten, wer sich um den Ingeborg-Bachmann-Preis bewerben durfte: Alle Einladungen erfolgten im Einvernehmen mit der Jury, jeder Juror hatte das Recht, geeignete Autoren vorzuschlagen und die Streichung solcher zu beantragen, deren Teilnahme ihm nicht angebracht schien. Doch läßt sich nicht verheimlichen, daß auf die endgültige Liste der Lesenden auch der Zufall Einfluß hatte, daß man viele interessante Autoren in Klagenfurt vermissen mußte – und gemeint sind hiermit nicht nur jene, die nicht kommen wollten oder konnten, sondern auch jene, die man einzuladen vergessen hat – und daß einige zu hören waren, deren Arbeiten den Qualitätsansprüchen dieses Wettbewerbs nicht ganz oder überhaupt nicht entsprachen.

Fragwürdig war schließlich und vor allem die Prozedur dieses Wettbewerbs. Jeder Autor konnte höchstens dreißig Minuten lesen. Wer mit einer Kurzgeschichte nach Klagenfurt gekommen war, der hatte weniger Kummer. Doch schon die Verfasser von Erzählungen mußten ihre Arbeiten in der Regel in einer gekürzten Fassung vortragen. Daß die Romanciers noch schlechter dran waren, liegt auf der Hand: Sie durften nur mit einem Ausschnitt aufwarten – und man sagt natürlich nichts Neues, wenn man feststellt, daß auch und gerade in guten Romanen einzelne Episoden viel von ihrem Reiz und ihrer Bedeutung verlieren, wenn sie aus dem Zusammenhang gerissen und isoliert dargeboten werden.

Den Juroren war es nicht möglich, sich darüber, was sie soeben gehört hatten, lange Gedanken zu machen. Nach dem letzten Satz jeder Lesung mußte sich die Jury sofort äußern. Den dreizehn Juroren standen ebenfalls höchstens dreißig Minuten zur Verfügung. War es unter diesen Umständen überhaupt möglich, die gebotenen Prosastücke gründlich und sorgfältig zu beurteilen?

Hinzu kommt ein Umstand, der schon die Kritik auf den

Tagungen der »Gruppe 47« – und mit ihr wurde das Klagenfurter Treffen oft verglichen – erschwert hat: Indem ein Autor seine Prosa laut vorliest, stützt er sie mit außerliterarischen Mitteln. Doch neben Schriftstellern mit starker rezitatorischer Begabung gibt es natürlich auch solche, deren Unfähigkeit auf diesem Gebiet erstaunlich groß ist. Während also die einen die Wirkung ihrer Texte steigern, verderben die anderen den Eindruck, den sie bei gewöhnlicher Lektüre erwecken könnten. Überdies eignen sich manche Arbeiten vorzüglich zur akustischen Darbietung, andere hingegen können eigentlich nur mit dem Auge wahrgenommen werden. Die Juroren sollten indes weder über die Möglichkeiten des Autors als Vortragskünstler befinden noch darüber, ob sein Produkt die Qualitäten eines Rezitationsstücks hat.

Aber so wichtig und richtig dies alles auch sein mag, so gewiß sind öffentliche literarische Tagungen und Wettbewerbe nur dann durchführbar, wenn alle Teilnehmer, also ebenso die Autoren wie die Juroren, bereit sind, einiges in Kauf zu nehmen und sich auf Kompromisse zu einigen.

Keine Jury ist gegen den Vorwurf oder den Verdacht einer mehr oder weniger willkürlichen Zusammenstellung gefeit. Vielleicht stimmt es auch, daß in Klagenfurt nicht alle Juroren ihrer Aufgabe ganz gewachsen waren. Doch gerade hier trügt der Schein oft. Es gibt Literaturkenner, die rasch reagieren und effektvoll formulieren. Anderen fehlt der rhetorische Glanz, sie äußern sich nur zögernd und bedächtig. Aber es ist keineswegs sicher, ob jene oder diese in einer Jury nützlicher sind, auf jeden Fall meine ich, daß man weder auf die einen noch auf die anderen verzichten sollte.

Noch begreiflicher scheinen die Einwände gegen die Auswahl der eingeladenen Autoren. Nur sollte man bedenken, daß man bei allen Wettbewerben mit Absagen gerade von jenen rechnen muß, auf deren Teilnahme man besonderen Wert legt. Die einen haben Terminschwierigkeiten, andere verfügen über kein geeignetes Prosastück, wiederum andere möchten sich nicht einer öffentlichen Sofortkritik aussetzen. Und natürlich gibt es Autoren, die nicht kommen wollen, weil ihnen die Veranstalter mißfallen oder die Juroren oder die Statuten, oder weil sie überhaupt nichts von literarischen Wettbewerben halten, die in der Tat nie ganz gerecht sein können und immer etwas dubios sein müssen.

Anders verhält es sich mit dem Vorwurf, man habe auch solche Autoren zugelassen, deren Leistungen unter dem erwarteten Qualitätspegel geblieben seien. Gewiß doch, aber ein ausgeglichenes Niveau würde eher gegen als für die Veranstalter sprechen.

Ein solches Treffen soll nämlich einerseits neue Arbeiten bekannter Schriftsteller präsentieren, andererseits will es noch nicht etablierten Autoren die Möglichkeit geben, auf ihre Versuche aufmerksam zu machen. Da indes die vorgelesenen Prosastücke keineswegs vorher geprüft werden – dies käme ja einer Vorzensur gleich –, ist jede Einladung mit einem gewissen Risiko verbunden, das bei Anfängern oder zumindest Nichtarrivierten besonders groß scheint. Der Ingeborg-Bachmann-Wettbewerb ohne Fehlschläge würde indes nicht etwa von der Qualität der Veranstaltung zeugen, sondern nur bedeuten, daß man von Experimenten nichts wissen will und das Risiko scheut.

Am wenigsten kann man wahrscheinlich die Prozedur rechtfertigen. Aber läßt sie sich verbessern? Hier geht es nicht um die 30-Minuten-Begrenzung für die teilnehmenden Autoren. Auch bei Manuskriptwettbewerben ist oft ein Maximalumfang der eingereichten Arbeiten vorgeschrieben. Und wer nicht mit einer Geschichte, sondern mit einem Ausschnitt aus einem Roman aufwartet, nimmt den sich daraus eventuell ergebenden Nachteil freiwillig in Kauf. Sehr möglich übrigens, daß sich der Ingeborg-Bachmann-Preis, wie bereits vermutet wurde, mit der Zeit zu einem Erzählungspreis entwickeln wird.

Nein, die Crux liegt woanders: Nichts ist angreifbarer als die Arbeitsweise der Jury. Jeder Literaturkritiker weiß, wie fragwürdig das Gewerbe ist, dem er nachgeht. Er muß Urteile fällen, ohne einen Kodex zu haben. Diese fundamentale Schwierigkeit literarischer Wertung ist in der mündlichen Sofortkritik noch deutlicher sichtbar und noch stärker spürbar: Ohne Übertreibung kann man sagen, daß schriftlich verfaßte Kritiken immer solider und treffender sind als improvisierte Kunsturteile. Denn natürlich kann eine unter Zeitdruck stehende Improvisation zu voreiligen und oberflächlichen, zu ungenauen und oft auch überspitzten Äußerungen verführen. Allerdings wurde in Klagenfurt die Arbeit der Juroren wenigstens insofern etwas erleichtert, als sie, anders als einst bei der Gruppe 47, sich nicht nur auf ihr Gehör zu verlassen brauchten: Unmittelbar vor jeder Lesung erhielten sie den Text, später konnten sie ihre Soforturteile anhand der Manuskripte überprüfen.

Waren nun die Juroren in Klagenfurt einigermaßen gerecht? Ich wage nicht diese Frage zu bejahen. Eher will es mir scheinen, daß man dies vielleicht nicht unbedingt von den Juroren, wohl aber von der Jury sagen kann. Die einzelnen Äußerungen waren häufig situationsbedingt. Zu hören war eben nicht eine Reihe von mehr oder weniger gut begründeten Urteilen, sondern eine Debatte: Was ein Juror sagte, knüpfte meist an die Ausführungen seines Vorgängers an, die jetzt ergänzt, korrigiert und bisweilen auch widerlegt wurden. Relevant und maßgebend war stets das Gesamturteil der Jury, das aus der Summe mehrerer Ansichten bestand. Und wenn viele Juroren beherzt und entschieden über einen eben vorgelesenen Text sprachen, so taten sie es wahrscheinlich im Bewußtsein, daß sie nicht so sehr ein Urteil fällten, als zu einem Urteil beitrugen.

Wie auch immer: die Arbeit der Jury – das ist der entscheidende, vielleicht sogar der wunde Punkt des Klagenfurter Wettbewerbs. Nur daß es eine makellose Jury ebensowenig geben kann wie Patentlösungen für die Wertung literarischer Arbeiten.

Aber was hat denn nun eigentlich im Juni 1977 in Klagenfurt stattgefunden? Ein Fest der Literatur? Ein Wettbewerb mit zwei Preisen und einem Stipendium? Ein Dichtermarkt? Eine Art Börse? Wirklich eine Arbeitstagung? Oder gar eine literarische Modenschau? Es war, glaube ich, alles auf einmal – und das ist gut so.

Die Literatur braucht das Gespräch und den Meinungsaustausch, die Resonanz. Dies ist natürlich um so wichtiger, als eine literarische Hauptstadt des deutschsprachigen Raums längst nicht mehr existiert. Diese Hauptstadtfunktion vermochte wenigstens an drei Tagen im Jahr die Gruppe 47 auszuüben. Es gibt sie nicht mehr seit 1967. Unsinnig wäre es und auch unmöglich, in Klagenfurt die Gruppe 47 etwa kopieren zu wollen. Aber es scheint, daß man mit dem Ingeborg-Bachmann-Wettbewerb dort eine Institution ins Leben gerufen hat, die unter ganz veränderten Vorzeichen und auf andere Weise ebenfalls eine Art Hauptstadtfunktion erfüllen kann. Dies bleibt zu hoffen und zu wünschen.

Immerhin ist es schon jetzt diesem Wettbewerb gelungen, die Aufmerksamkeit einer breiteren Öffentlichkeit in den deutschsprachigen Ländern auf die Literatur unserer Tage und auf die Arbeit einer Anzahl von Autoren (keineswegs nur der drei Preisträger) zu lenken. Machen wir uns nichts vor: Die Literatur muß heutzutage mehr denn je ihr bloßes Dasein verteidigen. Dies versucht der Klagenfurter Wettbewerb: Er will der Literatur eine Öffentlichkeit verschaffen. Und er will der Öffentlichkeit zur Literatur verhelfen.   (1977)

In Sachen Kritik

Die Misere, ihre Ursachen und ihre Folgen

Die Situation der Literaturkritik in der Bundesrepublik Deutschland ist schlecht. Freilich ließe sich sofort einwenden, daß sie noch nie gut war. Schon zu Lessings Zeiten war immer wieder von der Krise und der Misere der Kritik die Rede. Aber Lessing mußte seine Leser erst einmal von der Nützlichkeit und der Daseinsberechtigung der Kritik überzeugen, er mußte um ihre Anerkennung kämpfen. Er ist auch in dieser Hinsicht über die Jahrhunderte hinweg vorbildlich geblieben: Denn die Geschichte der deutschen Literaturkritik ist die Geschichte des Kampfes um ihre Anerkennung.

Dabei können wir Kritiker uns auf eine hehre Ahnenreihe berufen. Doch die Meister von gestern hat man in der Regel ignoriert und verkannt, oft denunziert und verdammt. Und wenn sie in der Literaturkritik nicht nur eine zusätzliche Betätigung sahen, wenn es für sie mehr als ein Nebenamt war, dann mußten sie sich früher oder später zurückziehen, sie resignierten und kapitulierten. Nein, Deutschland mangelte es nicht an großen Kritikern, aber den großen deutschen Kritikern fehlte Deutschland.

Gewiß haben manche von ihnen eine Zeitlang beachtliches Ansehen genossen und Einfluß ausgeübt. Die Situation ihres Metiers blieb davon unberührt. Sie waren exzeptionelle und nicht repräsentative Erscheinungen. Man schätzte ihre Meinung, ohne deshalb ihr Amt akzeptieren zu wollen. Mit anderen Worten: Dieser oder jener Kritiker wurde – jedenfalls vorübergehend – anerkannt, doch nicht die Kritik als Institution. »Wir haben Schauspieler, aber keine Schauspielkunst« –

heißt es im letzten Stück der *Hamburgischen Dramaturgie*.
Und so trifft es auch leider zu, daß wir zwar Kritiker, doch
keine Kritik haben.

Die Gründe hierfür haben, versteht sich, mit der Geschichte
Deutschlands in den letzten beiden Jahrhunderten zu tun.
Der Untertanenstaat empfand die Kritik als etwas Überflüssi-
ges und Lästiges, er versuchte, sie zu verhindern und die
Kritisierenden zu verketzern. Wo Befehle gelten sollten,
mußte sich die Kritik als gefährlicher Störfaktor erweisen.

Zwischen der verspäteten Entwicklung des deutschen Bürgertums und der damit zusammenhängenden verspäteten
Einführung der Demokratie in Deutschland einerseits und
der antikritischen Mentalität und Einstellung der Öffentlichkeit andererseits besteht eine unmittelbare Wechselbezie-
hung. Die Kritisierenden gerieten im allgemeinen Bewußtsein oft genug in die Nähe von Verrätern und Volksfeinden
oder galten zumindest als üble Querulanten, permanente
Spielverderber und ekelhafte Parasiten. Die kritische Einstellung wurde allen Ernstes und mit Erfolg als undeutsch, als
etwas Fremdartiges denunziert.

So konnte es geschehen, daß die Abschaffung der Kritik
durch den Nationalsozialismus bei beträchtlichen Teilen der
deutschen Intelligenz allem Anschein nach keine sonderliche
Verwunderung hervorgerufen hat: Ohnehin waren sie gewohnt, in der Kritik nicht einen immanenten Faktor jeder
geistigen Betätigung zu sehen, vielmehr einen solchen, der
bloß hemmt und zersetzt. Dies alles gilt nicht nur für die
Vergangenheit: Immer noch ist das Verhältnis vieler Deutschen zur Kritik in hohem Maße gestört und trägt häufig
geradezu neurotische Züge.

Diesen allgemeinen Hintergrund gilt es zu bedenken, wenn
von der Qualität und der Fragwürdigkeit der deutschen Literaturkritik gestern und heute die Rede ist. Übrigens konnten
jene, die die Kritik bekämpfen wollten, immer mit scheinbar
überzeugenden Argumenten aufwarten – und sie selber war
stets, ihrem eigenen Gesetz folgend, eifrig bemüht, die stich-

haltigsten zu liefern. Denn es gehört zur schönen Tradition der deutschen Kritik, sich selber anzuzweifeln, zu kritisieren und in Frage zu stellen.

Aber die Gegner der Kritik mochten zwar mit einzelnen Vorwürfen im Recht sein, doch in der Regel wollten sie immer das Kind mit dem Bade ausschütten. Also konnte der fatale Teufelskreis entstehen, den es in Deutschland seit Lessing gibt: Es war leicht, der Kritik als Institution die Anerkennung zu verweigern, weil die Kritik in der Tat oft schlecht war. Und sie mußte oft schlecht sein, weil ihr diese Anerkennung verweigert wurde.

Mit der Nichtanerkennung der Literaturkritik als Institution hängt ein meist ignorierter Umstand zusammen, der die Arbeit jener, die die Literaturteile der Zeitungen und Zeitschriften (und natürlich auch die entsprechenden Sendungen im Rundfunk und im Fernsehen) redigieren, sehr erschwert: Die großen deutschen Zeitungen hatten und haben fest angestellte Musik- und Theaterkritiker, aber so gut wie nie ständige, also fest angestellte Literaturkritiker.

Überdies muß man bedenken, daß die ohnehin heikle Frage der Kunstbewertung, der Relativität und Subjektivität aller Kunsturteile, hier zusätzlich kompliziert wird: Während die Arbeit der Maler, Musiker, Schauspieler oder Regisseure nicht von Malern, Musikern, Schauspielern oder Regisseuren beurteilt wird, sind es natürlich die Literaten, die über die Literaten schreiben.

So ist der Chef eines Literaturteils, sieht man von den Redakteuren der eigenen Zeitung ab, auf freie Mitarbeiter angewiesen. Diese Mitarbeiter sind aber nur in Ausnahmefällen hauptberufliche Kritiker. Denn von der Kritik kann man hierzulande nicht leben, es sei denn, man produziert schnell, ist sehr fleißig und kann mehrere Auftraggeber, also Zeitungen und Rundfunksender und eventuell Buchverlage, gleichzeitig mit Arbeiten versorgen.

Wer also schreibt die Kritiken? Universitätsprofessoren, Funkredakteure, Übersetzer, Verlagslektoren und oft auch

Schriftsteller, deren Ehrgeiz nicht der Kritik, sondern einem anderen literarischen Gebiet gilt, dem Roman etwa oder der Lyrik. Sie alle üben also die kritische Tätigkeit nur im Nebenamt aus. Sie alle sind, könnte man sagen, Sonntagsjäger der Kritik. Und was wäre dagegen einzuwenden?

Kein Zweifel, daß wir den Erzählern, Lyrikern oder Übersetzern, die gelegentlich Rezensionen verfassen, doch darin nur eine zusätzliche Beschäftigung sehen, in manchen Fällen hervorragende kritische Texte verdanken. Es wäre unsinnig, auf solche Mitarbeiter verzichten zu wollen. Und doch ist es zumindest bedenklich, wenn ein Erzähler den neuen Erzählungsband seines Kollegen beurteilt, wenn die Lyriker übereinander schreiben, wenn ein Übersetzer aus dem Russischen einen sowjetischen Roman rezensiert, den er selber gern übersetzt hätte, der aber seinem Kollegen und Konkurrenten zugefallen war.

Neulich las ich in einer bundesdeutschen Zeitung eine von Wolfdietrich Schnurre verfaßte Besprechung des neuen Erzählungsbandes von Siegfried Lenz. In den fünfziger, auch noch sechziger Jahren waren Schnurre und Lenz als Geschichtenerzähler gewissermaßen Konkurrenten. Inzwischen ist Lenz weltberühmt, Schnurres Popularität ist hingegen geschrumpft. Nun äußert sich Schnurre höchst abfällig über den neuen Lenz-Band, der indes von anderen Rezensenten vorwiegend positiv beurteilt wurde. War Schnurre in diesem Fall objektiv oder auch nur zuständig? Man stelle sich aber vor, Schnurre hätte den Band gelobt. Man hätte gesagt: Eine Hand wäscht die andere. Setzt er sich in dem einen Fall dem Vorwurf des Neids und der Mißgunst aus, so hätte man ihm im anderen vorwerfen können, er lobe den erfolgreichen Kollegen, weil er sich von ihm Gegenleistungen erhoffe. Es gibt Schriftsteller – zu ihnen gehört übrigens Siegfried Lenz –, die solchen Mißverständnissen oder Verdächtigungen ein für allemal entgehen möchten und es daher ablehnen, zeitgenössische deutschsprachige Autoren zu rezensieren.

Es sind gerade die Sonntagsjäger der Kritik, die auffallend

häufig von der Entdeckung neuer Meisterwerke zu berichten wissen. Tucholsky sprach verächtlich von den »Lobesversicherungsgesellschaften auf Gegenseitigkeit«. Und Musil beschwerte sich, man habe »die Buchkritik zu einem großen Teil Literaten überlassen, die sich gegenseitig lobten«.

Sollten etwa die Berufskritiker ehrlicher sein als jene, die Rezensenten nur im Nebenamt sind? Eine unsinnige Vermutung. Oder sollten es die besseren Kenner sein? Auch diese verallgemeinernde Behauptung wäre abwegig. Die Antwort ist auf einer anderen Ebene zu suchen: Wer Kritik als Beruf ausübt, weiß genau, was für ihn unentwegt auf dem Spiel steht – sein Renommee und damit die Basis seiner Existenz als Schriftsteller. Er kann es sich deshalb nicht leisten, leichtfertig zu urteilen.

»Ich stelle es mir beklemmend vor – schrieb Max Frisch –, wenn ein Buch, das ich zur Hand nehme, nicht ein Buch ist, und ein Abend im Theater nicht ein Abend im Theater, sondern ein Examen auf meine kritische Gegenwart. Ein öffentliches Examen.« So ist es: Der Kritiker entscheidet von Fall zu Fall, immer wieder muß er sich bewähren, also seine Zuständigkeit beweisen, und jedesmal wächst oder schrumpft seine Autorität. Nur wenn er das Risiko seines Gewerbes ganz auf sich nimmt, wenn er tatsächlich jede neue Aufgabe als eine private und zugleich öffentliche Prüfung empfindet, nur dann kann es ihm – vielleicht! – gelingen, wenigstens einigermaßen den Ansprüchen gerecht zu werden, die sich aus seinem, sagen wir, Amt ergeben.

Allerdings sollte man sich keine Illusionen machen: Wo Bücher erscheinen und rezensiert werden, da lassen sich Gefälligkeiten und Freundschaftsdienste ebensowenig ausschalten wie gewöhnliche Racheakte; und immer werden die einen wie die anderen natürlich als sachliche und objektive Urteile getarnt. Und immer wieder muß man damit rechnen, daß verhinderte Künstler, daß gescheiterte Romanciers oder Lyriker in der Kritik Zuflucht suchen und sich dann möglicherweise an wahren Talenten schadlos halten.

Die wichtigsten Entscheidungen, die der Chef eines Literaturteils nahezu täglich fällen muß, kann man also als Besetzungsfragen bezeichnen. Wer rezensiert welches Buch? Aber ist derjenige, von dem man sich das kompetenteste und objektivste Urteil verspricht, auch tatsächlich der jeweils geeignetste Kritiker? Nicht unbedingt.

So gibt es Kritiker, die zwar den Gegenständen ihrer Betrachtung alles in allem gerecht werden und sie nie aus dem Auge verlieren. Nur sehen sie oft nicht mehr als eben diese Gegenstände. Aber eine Kritik sollte sich immer auf einen konkreten Gegenstand beziehen – und nie auf diesen allein. Indem der Kritiker ein Buch charakterisiert, indem er es befürwortet oder zurückweist, spricht er sich nicht nur für oder gegen einen Autor aus. Er sollte sich zugleich für oder gegen eine Schreibweise und Attitüde aussprechen, für oder gegen eine Richtung oder Tendenz, eine Literatur. Er sollte also das Buch, das er behandelt, immer in einem bestimmten Zusammenhang sehen. Er sollte es als Symptom werten.

Dies ist, meine ich, eine Frage von entscheidender Bedeutung. Der deutschsprachige Buchmarkt ist enorm. Täglich erscheinen Bücher, die nicht unbedingt besonders schlecht sein müssen, doch ziemlich unerheblich sind. Und dennoch lohnt es sich, viele dieser Bücher zu besprechen, vorausgesetzt freilich, daß der Kritiker in ihnen eben Symptome sieht. In jeder einzelnen Kritik verbirgt sich, wenn sie etwas taugt, ein Bekenntnis, dem sich mehr oder weniger genau entnehmen läßt, welche Art Literatur der Kritiker anstrebt und welche er verhindern möchte.

Schließlich ist noch ein ganz anderer Gesichtspunkt von hoher Bedeutung: die Lesbarkeit einer Kritik. Eine kompetente, gelehrte und kluge Kritik, die sich schwer lesen läßt, mag in einer Literaturzeitschrift durchaus gerechtfertigt sein. In einer Tageszeitung, die Hunderttausende von Lesern erreichen kann, ist sie fehl am Platz. Denn während man bei den Lesern einer Fachzeitschrift ein besonderes Interesse für den Gegenstand voraussetzen kann, ist es eine der vornehmsten Aufgaben des Kritikers, der für eine Tageszeitung arbeitet, dieses Interesse zu wecken und, versteht sich, wachzuhalten.

Gerade in Deutschland bereitet diese Frage große Schwierigkeiten: Manche Kritiker sind vorzügliche Kenner der Literatur, aber sie schreiben nicht gerade leicht oder gar amüsant. Überdies gehört es zu den Höflichkeitspflichten des Kritikers, sich möglichst deutlich auszudrücken. Nur wer sich um maximale Deutlichkeit bemüht, kann als Kritiker Einfluß ausüben. Dies aber wollen alle Kritiker und alle Literaturredakteure. Zwei Ziele schweben ihnen vor: Bessere Bücher und bessere Leser. (1975)

Ein Kritiker muß eitel sein

Da der Preis, für den ich hier danke, in Mainz verliehen wird, mag es nicht unangebracht sein, zunächst des *genius loci* zu gedenken, des Dichters nämlich, der in der unmittelbaren Nachbarschaft dieser Stadt geboren wurde und der hier aufgewachsen ist – Carl Zuckmayer also.

Sein Drama *Pankraz erwacht* war 1925 in Berlin mit Pauken und Trompeten durchgefallen. Doch noch im selben Jahr fand ebenfalls in Berlin, im Theater am Schiffbauerdamm, die Uraufführung des Lustspiels *Der fröhliche Weinberg* statt, jenes Stückes, das Robert Neumann in seiner Parodie »Der fröhliche Schweinberg« nannte. Schon während des ersten Akts wurde viel und laut gelacht. Nur zwei Personen im Zuschauerraum waren – wie sich Zuckmayer erinnerte – »totenernst und verzogen keine Miene: das waren meine Frau und meine Mutter. Für uns war das kein Spaß. Für uns war das ein lebenswichtiges Ereignis – es war die Entscheidungsschlacht«. Gleich neben seiner Mutter – er war damals übri-

gens erst 29 Jahre alt – saß Alfred Kerr, der »gefährlichste
Scharfschütze« unter den Theaterkritikern Berlins. In der
Pause suchte Zuckmayers Mutter ihren aufgeregten Sohn,
fand ihn hinter der Bühne und flüsterte ihm, »starr und
bleich«, eine höchst wichtige Mitteilung zu. Sie lautete: »Kerr
hat zweimal gelächelt.«

Kritiker hören derartiges nicht ungern. Denn indem die
harmlose Anekdote auf die angeblich uneingeschränkte
Macht eines einzelnen Kritikers hindeutet und diese schon
mystifiziert, schmeichelt sie zugleich unserer Zunft. Und
Kritiker sind ja, wie jedermann zu wissen glaubt, besonders
eitle Individuen. Keinem der bedeutenderen Kritiker ist der
Vorwurf der Eitelkeit erspart geblieben – und dies gilt keineswegs nur für unser Jahrhundert. Heine beispielsweise wurde
nicht müde, sich über die Eitelkeit des großen August Wilhelm Schlegel lustig zu machen, obwohl er selber von dieser
Untugend schwerlich freigesprochen werden kann.

Oft genug haben sich gerade die berühmtesten Repräsentan-
ten der Kritik, gleichsam die Flucht nach vorn wählend, zur
Eitelkeit ebenso freimütig wie hochmütig bekannt – Karl
Kraus etwa oder Alfred Kerr oder auch Friedrich Sieburg.
Sicher ist: Die Eitelkeit gehört seit eh und je zum Berufsbild
des Kritikers. Ja, mir will es sogar scheinen, daß die Eitelkeit
nicht nur eine unumgängliche Folge der Arbeit des Kritikers
ist, sondern auch eine unbedingt notwendige Voraussetzung.
Wer nicht eitel ist, der sollte sich hüten, Kritiker zu werden.
Und wer es dennoch tut, der wird es nicht lange bei diesem
Beruf aushalten. Wie ist das alles zu verstehen?

Man liest es immer wieder und überall: Die deutsche Literaturkritik sei schlecht oder zumindest fragwürdig, sie liege
danieder und sieche dahin. Ihr Tiefstand lasse sich nicht mehr
verheimlichen, ihre Misere sei offenkundig. Auf jeden Fall
mache sie eine schwere Krise durch. Das ist in einem gewissen
Sinne auch richtig, aber nicht originell. Denn es gibt ja heute
eine Krise des Romans und des Dramas, der Oper und des
Balletts, des Films und des Fernsehens, ja sogar der Liebe und
der Sexualität.

Während aber diese oder jene Krise ein typisches Phänomen unserer Epoche sein mag, hat man sich über den Zustand der Kritik immer schon beklagt. Wenn von ihr die Rede war, hörte man stets von Krise und Misere, vom Verfall und Elend, vom Tiefpunkt und Tiefstand. Gewiß, bei vielen dieser empörten oder zumindest höchst skeptischen Äußerungen über die Kritik – und zwar gerade bei den pointierten und effektvollen, bei den virtuos formulierten – ist schon deshalb Vorsicht geboten, weil sie von jenen stammen, die ihr Gegenstand waren und sind, also von den kritisierten Schriftstellern. Und wo ein Schriftsteller wieder einmal vom Elend und vom Tiefstand der Kritik spricht, ist es nicht unnütz nach der Meinung der Kritik über sein Werk zu fragen, zumal über sein letztes Buch.

Keine Woche vergeht, ohne daß irgendein deutsches Feuilleton sich wieder einmal auf die Worte beruft: »Schlagt ihn tot den Hund! Er ist ein Rezensent!«, auf diese eher rabiate als originelle Verszeile des jungen Goethe. Nur haben die Kritiker selber keineswegs nachsichtiger geurteilt, bei allen finden sich, sei es in ihren Schriften, sei es in ihren Briefen oder Tagebüchern, entsetzte und verzweifelte Äußerungen. »In Deutschland schreibt jeder, der die Hand zu nichts anderem gebraucht, und wer nicht schreiben kann, rezensiert.« Ein Kritiker war es, der dies 1826 meinte – der Frankfurter Jude Ludwig Börne.

Immer wieder haben die Kritiker ihren Beruf und dessen Funktion in der Öffentlichkeit angezweifelt: Solange es die deutsche Literaturkritik gibt, solange stellt sie sich selbst in Frage. Zufriedenheit mit den Leistungen der Zunft ist in diesem Gewerbe nicht bekannt: Deutsche Kritiker lieben es, an dem Ast zu sägen, auf dem sie sitzen – was übrigens weder ihnen noch dieser Sitzgelegenheit je geschadet hat.

So drängt sich die Vermutung auf, die stets aufs Neue erörterte oder verdammte Krise der Kritik sei ebenso alt wie die Kritik selber. Das aber stimmt nicht. Denn sie ist noch viel älter – und das wiederum hat mit einer fundamentalen Frage der Kunstbeurteilung zu tun. Schiller hielt es für nötig,

Goethe daran zu erinnern, daß es kein Gesetzbuch gibt, auf das sich der Kritiker, der Kunstrichter berufen könnte: »Will er ehrlich sein, so muß er entweder gar schweigen, oder er muß zugleich der Gesetzgeber und der Richter sein.«

Die Romantiker haben nachdrücklich und sehr zu Recht auf die nicht zu unterschätzende Rolle des Persönlichen und somit auch des Emotionalen bei der Beurteilung von Kunstgegenständen hingewiesen. Wir werden von einem Kunstwerk – lehrte August Wilhelm Schlegel – »als Individuen affiziert, und das noch so ausgebildete Gefühl steht immer unter individuellen Beschränkungen«. Und da es – heißt es weiter bei Schlegel – keine Wissenschaft gibt, »welche rein objektiv, allgemein gültig urteilen lehrte«, müsse die Kritik ihrem Wesen nach notwendig individuell sein, immer sei in ihr auch Subjektives enthalten. Fontane ging noch weiter. Von Prinzipien und von einem Paragraphenkodex wollte er gar nichts wissen. Er meinte, als Kritiker müsse er sich auf seine »unmittelbare Empfindung« verlassen können: »Nicht meine Paragraphen, sondern meine Empfindungen haben zu Gericht zu sitzen.«

Hier, in der Subjektivität und in der sich daraus ergebenden Relativität, in der Fragwürdigkeit jeglicher Kunstbeurteilung hat die berühmte Krise der Kritik ihre tiefsten Wurzeln. Sie ist uralt, denn sie ging der Institutionalisierung der Kritik, die ja erst im 18. Jahrhundert im Zusammenhang mit der Entwicklung der Presse erfolgt war, zeitlich voran. In diesem Sinne ist die Misere der Kritik eben nicht eine vorübergehende, eine nur zeitweilige Erscheinung, sondern ein unvermeidlicher, ein permanenter Zustand.

Wenn indes der Kritiker weder über einen Paragraphenkodex verfügt noch über einen Normenkatalog und dennoch öffentlich zu urteilen hat, dann rührt die beliebte Frage nach seinen Maßstäben nur von einem Mißverständnis her. Denn der Fragesteller setzt als selbstverständlich voraus, daß es solche Maßstäbe gibt und geben muß. Aber die Kritik geht aus der unmittelbaren Konfrontation eines Individuums mit einem lebendigen Kunstwerk hervor. Das lebendige Kunstwerk ignoriert die Theorien und sprengt alle Dämme der Lehre. Es kümmert sich nicht um die Regeln und die Kriterien, es mißachtet die Prinzipien und zerstört die Maßstäbe. Und es schafft neue Regeln und Kriterien, neue Prinzipien und Maßstäbe, neue Lehren und Theorien.

Befragt nach *seinen* Maßstäben antwortet der Kritiker: Bei Gott, ich habe keine, ich darf keine haben – jedenfalls keine festen und konstanten Maßstäbe. Vielmehr habe ich sie stets aus dem zur Debatte stehenden Buch abzuleiten. Somit gehört zu dem vielen, was der Kritiker gelernt haben muß, auch und vor allem die Fähigkeit und die Bereitschaft, das Erlernte angesichts des neuen Kunstwerks über den Haufen zu werfen.

Dies aber zwingt den Kritiker, alle Reaktionen, die das Objekt mit dem er sich befaßt, bei ihm hervorruft, alle seine Gefühle und Gedanken, Regungen und Hemmungen genauestens zu kontrollieren. So ist er beides auf einmal: eine Versuchsperson, die sich den Wirkungen eines künstlerischen Produkts aussetzt, und zugleich jene Instanz, die diese Wirkungen beobachtet und auswertet. Der Kritiker, der seine individuellen und subjektiven Urteile der Öffentlichkeit vorlegt, muß also zusammen mit dem Gegenstand seiner Betrachtung sich selber wichtig nehmen. Und wichtig nehmen muß er stets auch die Reaktionen der Umwelt auf seine kritischen Aktivitäten. Dies nennt man Eitelkeit.

Darf man in der so verstandenen Eitelkeit tatsächlich nur eine Untugend oder Schwäche sehen – oder vielleicht doch jenes Element, aus dem der Kritiker die Kraft schöpft, die erforderlich ist, damit er sein Amt ausüben kann? Eitelkeit, freilich eine kontrollierte und verantwortungsvolle, befähigt den Kritiker, jene Werturteile zu fällen, die ebenso riskant sind wie notwendig, die also vielleicht eine Not – nämlich die der Literatur – wenden können.

Kritik ist, nach einem schönen Wort von Thomas Mann, »Scheidung und Entscheidung«. Und Walter Benjamin dekretierte knapp: »Wer nicht Partei ergreifen kann, der hat zu schweigen.« Dies aber bedeutet, daß der Kritiker sich immer wieder gezwungen sieht anzuzweifeln, abzulehnen und zu verwerfen. Das macht ihn nicht gerade beliebt und bringt ihm rasch den Ruf eines ewigen Nörglers ein, wenn nicht gar eines böswilligen Ruhestörers. So hatten denn gute Kritiker meist zwar viele Leser, doch nur wenige Freunde. Es waren fast immer einsame Menschen. Wenn sie Einfluß ausübten und zum Erfolg oder Mißerfolg eines Buches beitragen konnten, beschuldigte man sie oft sogar literarischer Morde. Aber man sollte sich hüten, für Mörder jene zu halten, zu deren Pflichten es gehört, Totenscheine auszustellen.

Indes: Sind die ablehnenden Rezensionen, die man gemeinhin Verrisse nennt, tatsächlich so nötig? Lohnt es sich, dem Schlechten soviel Platz zu widmen? Die Repräsentanten ebenso der Aufklärung wie der Romantik billigten der Negation innerhalb der Literaturkritik eine unerläßliche Funktion zu. Für Friedrich Schlegel war es selbstverständlich, daß der Kritiker sich der »Wegräumung des Mittelmäßigen oder des Elenden« anzunehmen und »die Masse des Falschen und Unechten« zu bekämpfen habe. Aber wozu? Schlegel sagt es: damit »Raum geschafft werde für die Keime des Bessern«.

Ja, darum geht es: Wer das Fragwürdige und das Minderwertige im Vorhandenen erkennt und es artikuliert, der verweist damit gewissermaßen automatisch auf das Fehlende und das Erwünschte, eben auf das Bessere. Das aber ist die wichtigste Aufgabe der Kritik: zu zeigen, was die Literatur ist und was sie nicht sein darf, was sie leistet, was sie leisten könnte und was sie leisten sollte. Vermittelnd zwischen der Kunst und der Gesellschaft, zwischen der Dichtung und dem Alltag, der Vergangenheit und der Gegenwart, der Tradition und der Moderne, zwischen den Schriftstellern und den Lesern, will die Kritik die Existenz der Literatur verteidigen. Oder, um es noch kürzer auszudrücken: Kritik will Literatur ermöglichen – das ist alles. Und wann, frage ich, wäre dies nötiger und dringlicher als in unseren Tagen?   (1983)

Das Herz – der Joker der deutschen Dichtung

Mit dem Herzen hat es eine eigene Bewandtnis. Es ist – sagt der Prophet Jeremias – »das Herz ein trotzig und verzagt Ding; wer kann es ergründen?« Ohne das Herz, weiß jedes Kind, kann niemand leben. Nur stellt sich meist heraus, daß gerade die herzlosen Menschen lange und gut leben. Man kann sein Herz verschenken: »Ich schenk' mein Herz nur dir allein« – singt die Madame Dubarry in Millöckers Operette. Man kann sich auch ein Menschenherz als Geschenk wünschen, ohne deshalb der Grausamkeit bezichtigt zu werden. Aus dem *Notenbüchlein für Anna Magdalena Bach* kennen wir ja das wunderbare Lied, das mit den Worten beginnt: »Willst du dein Herz mir schenken, / so fang es heimlich an . . .« Bisweilen sind jene Menschen besonders glücklich, die ihr Herz verschenkt oder die es ganz einfach verloren haben, beispielsweise in Heidelberg.

Verwunderlich ist auch, was das Herz alles vermag. Denn es kann schlagen und klopfen, pochen und hämmern, es kann zittern und flattern, aber auch schmachten und jubeln, es kann stillstehen, aber auch aufwachen und erglühen, es kann stocken und versagen, brechen und zerspringen. Das Herz kann sich an sehr verschiedenen Orten befinden, mitunter sogar gleichzeitig. Man kann es auf der Zunge haben, aber es kann einem auch in die Hose rutschen. Es kann einem im Leibe lachen, aber sich auch im Leibe umdrehen. Man kann es auf dem rechten Fleck haben, aber auch stehlen und erobern.

Man kann sich ein Herz fassen, aber auch sein Herz an jemanden hängen. Man kann seinem Herzen Luft machen und ihm einen Stoß geben, es kann einem ein Stein vom Herzen fallen. Man kann etwas auf dem Herzen haben und ein Kind unter dem Herzen tragen.

Man kann die Zwietracht, zumal die deutsche, mitten ins Herz treffen. Und wes das Herz voll ist – wir wissen es aus der Bibel –, des kann der Mund übergehen. Und da man sich einer Sache mit halbem Herzen zuwenden kann, läßt es sich offenbar auch halbieren. Natürlich kann man aus seinem Herzen eine Mördergrube und, häufiger noch, keine Mördergrube machen. Auch kann man jemanden in sein Herz schließen, ja, dort ist so viel Platz, daß sich sogar ein ganzer Chor ins Herz schließen läßt. Und weil das Herz, wie man schon im Mittelalter zu wissen glaubte, eben verschließbar ist, kann es gewisse Schwierigkeiten und auch Möglichkeiten geben – nämlich mit dem Schlüssel. In einem der ältesten und schönsten deutschen Liebesgedichte, in jenem, das aus nur sechs Versen besteht und mit den Worten beginnt: »Du bist min, ich bin din: / Des solt du gewis sin«, ist die oder der Geliebte im Herzen verschlossen, zu dem es ein Schlüssellein gibt; aber es ist abhanden gekommen, und so muß sie oder er immer darin, im Herzen also, bleiben.

Es gibt kaum ein Substantiv, das die Menschen, jedenfalls in Europa, so häufig und in so vielen Verbindungen gebrauchen wie dieses eine: das Herz. Es gibt auch kaum ein Eigenschaftswort, das man nicht früher oder später mit der Vokabel »Herz« gekoppelt hätte. Ein Herz kann warm und weich sein, treu und traurig, klein und kalt, heiß und hart, gütig und großzügig, stolz und steinern. Kurz: Es kann alles sein. Groß ist auch die Zahl der deutschen Adjektive, die aus dem Wort »Herz« gebildet wurden. Wir sprechen von barmherzigen, engherzigen und hartherzigen, von herzlichen und herzhaften, von herzlosen und herzgläubigen Menschen.

Mehr noch: Das Herz, ein Körperteil, kann seinerseits, so wollen es manche Dichter, und nicht die schlechtesten, eben-

falls Körperteile haben, zumindest Knie. Jedenfalls schrieb
Kleist am 24. Januar 1808 an Goethe, dem er das erste Heft
des *Phoebus* zuschickte: »Es ist auf den ›Knien meines Herzens‹, daß ich damit vor Ihnen erscheine.« Allerdings hat
Kleist die Wendung »Knien meines Herzens« mit Anfüh-
rungszeichen versehen.
Woher stammen diese Worte? Wir wissen es nicht, doch
wurde vermutet, er habe jenen Autor zitiert, den die Schriftsteller am liebsten zitieren – nämlich sich selbst. Denn in
seiner *Penthesilea* heißt es: »O du, / Vor der mein Herz auf
Knien niederfällt . . .« Es kann aber auch sein, daß Kleist –
fleißige Germanisten haben es nachgewiesen – artigerweise
seinen Adressaten zitiert hat, dem diese Wendung schon in
frühen Jahren unterlaufen ist. Nur hat auch Goethe die »Knie
des Herzens« keineswegs erfunden, es gab sie schon bei
Petrarca. Und auch dieser hat sie entliehen, nämlich aus der
Bibel.

Was immer das Herz betrifft oder mit dem Herzen zusam-
menhängt – es hat eine lange, eine uralte Tradition. Seit die
Menschen denken und ihre Gedanken ausdrücken und notie-
ren konnten, war für sie das Herz ungleich mehr als nur ein
Muskel. Und so unterschiedlich die alten Völker das Herz
beurteilt haben, so wurde ihm doch stets eine zentrale Funktion zugesprochen.
Klare, wenn auch falsche Vorstellungen von der Funktion des
Herzens hatten die alten Ägypter: Sie waren überzeugt, in
ihm sei das Gewissen des Menschen untergebracht. Daher
haben sie auch, um sich von der Redlichkeit eines Verstorbe-
nen zu überzeugen, dessen Herz gewogen: Je schwerer es
war, desto besser war sein Charakter. Die Chinesen wiederum glaubten, das Herz sei das intellektuelle Zentrum des
Menschen. Auch die alten Griechen, Aristoteles zumal,
haben das Herz keineswegs unterschätzt: Sie hielten es für das
wichtigste Organ des Körpers, sie waren sicher, daß alle
anderen von ihm abhingen. Aber zugleich meinten sie, in ihm
sei die Seele des Menschen zu finden.

Und die Liebe? Schon in dem berühmten *Gilgamesch*, dem vor über viertausend Jahren entstandenen babylonischen Nationalepos, hat das Herz mit der Liebe zu tun. So wird hier in einer eindeutig erotischen Episode ein Jäger von einer hübschen Frau, offensichtlich einer Hure, zärtlich betreut: »Er wurde« – lesen wir – »heiter, und sein Herz war voll Freude . . .«

Doch sind derartige Verweise in der alten Literatur nur selten, nur in Ausnahmefällen zu finden: Noch hat man erotische Gefühle keineswegs, wie immer wieder in späteren Zeiten, dem Herzen zugeschrieben. Und dies gilt, trotz der aristotelischen Lehre von der Allmacht des Herzens, auch für das alte Griechenland. Erst aus dem dritten vorchristlichen Jahrhundert stammt eine bemerkenswerte, wenn nicht gar bahnbrechende Geschichte.

Es geschah, daß der Sohn des Königs von Syrien, der Kronprinz Antiochus, schwer erkrankt war. Niemand konnte ihn heilen. Da ließ der alte König den berühmten Arzt Erasistratos rufen. Dieser untersuchte und beobachtete den Patienten sorgfältig und fand heraus, daß dessen Puls besonders schnell ging, sobald er seine Stiefmutter, die junge und schöne Königin zu sehen bekam. Die Diagnose des Arztes lautete: Der Kronprinz sei herzkrank, doch heilbar. Er leide an der Liebe zur Stiefmutter. Sein Vater war klug und wollte nichts von König Philipps Glück. Er verzichtete also auf seine jugendliche Gemahlin, und der Kronprinz wurde gesund und glücklich: Die Don-Carlos-Tragödie fand in Syrien nicht statt.

Erasistratos, der also bestimmte Herzleiden zu heilen vermochte, war natürlich kein Kardiologe, vielmehr ein Arzt, der sich vor allem auf die psychischen Ursachen der Erkrankungen verstand. Seitdem sind über zweitausend Jahre vergangen, und in der Dichtung ist, schon seit dem frühen Mittelalter, von dem Herzen die Rede. Aber in der Regel sind es nicht die Kardiologen, die den Helden der Literatur helfen könnten.

Nicht etwa, daß die Ärzte angesichts dieser Leiden überflüssig wären. Im Gegenteil, auch und gerade jene Menschen, von denen wir in Romanen, in Dramen und Gedichten hören, bräuchten oft die Mediziner. Patienten sind sie allemal, nur fallen ihre Krankheiten wohl eher in die Kompetenz der Psychotherapeuten, wenn nicht gar der Psychiater. Sicher ist jedenfalls, daß schon in den ältesten deutschen Dichtungen, in den Epen des neunten Jahrhunderts, auf »Herz« »Schmerz« gereimt wurde und daß diesen Schmerzen nicht die Ärzte ihre Einkünfte verdankten, sondern die Literaten.

Wenn das Herz keine Leiden bereitete, zahllose Gedichte wären ungeschrieben geblieben und viele Romane und Dramen ebenfalls. Das Motto der Deutschen Herzstiftung – »Hab ein Auge auf dein Herz« – ist gewiß ein guter Spruch, ein notwendiger Appell an uns alle. Nur an eine Adresse braucht man ihn nicht zu richten: an die Literatur. Ja, mir will es scheinen, daß sich viele Jahrhunderte hindurch die Dichtung mehr um das Herz gekümmert hat als die Medizin. Und heute wird den Schriftstellern bisweilen vorgeworfen, daß sie sich allzu intensiv und extensiv mit dem eigenen Herzen, mit der eigenen Person beschäftigen.

In alten Zeiten wurde allerdings in deutschen Ländern das Herz, wenn man der Literatur trauen kann, oft gegessen. So hat, der *Edda* zufolge, Siegfried das Herz des Riesen Fafnir verspeist und dadurch die Sprache der Vögel erlernt; bei Richard Wagner wird dieser aus linguistischen Gründen erforderliche Konsum deutlich eingeschränkt: Hier genügen, um das Vogelidiom zu erlernen, schon einige Blutstropfen. Im *Atlilied* geht es noch barbarischer zu: Gudrun setzt ihrem Gatten, dem König Atli, auch Attila genannt, die Herzen ihrer Kinder zur Mahlzeit vor.

Aus dem frühen Mittelalter wird noch von einem anderen Herzkonsum berichtet, der mir, bei aller Grausamkeit, doch etwas zweideutig scheint. Es seien, heißt es, Hexen oft ausgeflogen, um sich an Männerherzen gütlich zu tun: Sie rissen ihren Opfern das Herz aus dem Leibe, um es zu verschmausen. Sonderbarerweise blieben aber die Männer, denen das Herz auf diese Weise entwendet wurde, am Leben. Jene Hexen mögen verwerflich gewesen sein, ob sie auch abstoßend waren – dessen bin ich nicht so sicher. Ich kann mich des Eindrucks nicht erwehren, daß sie der feschen Lola ähnelten, die im *Blauen Engel* dem guten Professor Unrat aus Lübeck das Herz geraubt hat und auch den Verstand.

Sicher ist jedenfalls, daß niemand im Laufe der Jahrhunderte herzgläubiger war als die Dichter. Den Vermutungen oder Einsichten oder auch Irrtümern der Wissenschaft zum Trotz besangen sie das Herz als das Organ, in dem nahezu alle menschlichen Affekte ihren Ursprung haben sollten – nur wenige, und meist eher unangenehme, wurden anderen Organen zugewiesen, so etwa der Galle.

Keiner der großen mittelhochdeutschen Epiker und Lyriker kann auf die Vokabel »Herz« verzichten, sie ist das Schlüsselwort der höfischen Poesie. In Gottfried von Straßburgs *Tristan* kommt das Wort »Herz« allein im Prolog fast dreißigmal vor. Aber für Gottfried ist dieser Körperteil mehr als der Sitz der Gefühle und der Leidenschaften. Er beherbergt zugleich die Kraft, die die Welt in Bewegung setzt und hält: Das Herz ist für ihn das Zentrum des Lebens.

Daran hat sich nicht mehr viel geändert: Etwa bis zur Mitte des neunzehnten Jahrhunderts kreist die deutsche Dichtung um das Herz. Und kaum ein Autor, der nicht noch einmal den Lesern den ältesten, den beliebtesten und vielleicht auch schönsten deutschen Reim offerieren würde, jenen, der schon im Spätmittelalter, im fünfzehnten Jahrhundert, von Oswald von Wolkenstein erweitert wurde, nämlich zu dem Dreireim »Herz–Schmerz–Scherz«.

Seinen Höhepunkt erreicht der Herzkult der deutschen Literatur im achtzehnten Jahrhundert – im Sturm und Drang ebenso wie in der Zeit der Klassik. Das Herz ist gleichsam das Sammelbecken aller sinnlichen Triebe und aller idealistischen

Bestrebungen. Doch bei keinem der großen Dichter spielt es eine so wichtige, eine so zentrale Rolle wie bei Goethe.

Er nannte das Herz den »jüngsten, mannigfaltigsten, beweglichsten, veränderlichsten, erschütterlichsten Teil der Schöpfung«. Wie man sieht, hat er mit Beiworten nicht gespart. Aber was heißt denn das eigentlich – der mannigfaltigste, der beweglichste, der veränderlichste Teil der Schöpfung? Die Formulierung findet sich in einer der naturwissenschaftlichen Schriften Goethes. Dennoch fällt es schwer, ihr Exaktheit nachzurühmen. Der mannigfaltigste oder der veränderlichste Teil der Schöpfung – das kann viel bedeuten oder auch nichts.

Tatsache ist, daß die Vokabel »Herz« wie kaum ein anderes deutsches Wort oft zu leeren Phrasen verleitet – und nicht nur die schwachen Dichter, sondern bisweilen auch die größten, so eben Goethe. Im *Götz von Berlichingen* äußert sich der Diener Franz emphatisch über die Schönheit des Fräuleins Adelheid. Sein Herr, Weislingen, bemerkt kühl: »Du bist drüber gar zum Dichter geworden.« Hierauf Franz: »So fühl' ich denn in dem Augenblick, was den Dichter macht, ein volles, ganz von *einer* Empfindung volles Herz!«

Dies aber ist, mit Verlaub, barer Unsinn: Würde ein »ganz von *einer* Empfindung volles Herz« schon ausreichen, um das Individuum in einen Dichter zu verwandeln, wir könnten uns vor lauter Dichtern gar nicht retten. Das volle Herz haben die Poeten oft genug mit ihren Lesern gemein, was aber jene von diesen unterscheidet, ist eben nicht die Empfindung, sondern die Fähigkeit, sie auszudrücken. Natürlich hat Goethe das gewußt, doch wenn er das Wort »Herz« gebrauchte, ließ seine Selbstkontrolle ein wenig nach.

Man mag einwenden, daß er, als er den *Götz* schrieb, noch jung war. Aber auch der alte Goethe, der Autor des zweiten Teils des *Faust*, liebte die Herz-Phrasen. Beeindruckt von der Redeweise des Lynkeus, fragt Helena: »So sage denn, wie sprech' ich auch so schön?« Und Faust belehrt sie: »Das ist gar leicht, es muß von Herzen gehn.« Wenn das schon genügte, wir könnten uns auch vor lauter Meistern der Rhetorik nicht retten.

Wie bedenklich der Umgang unseres Goethe mit dem Wort »Herz« ist, zeigt vielleicht am deutlichsten eine berühmte und auf ihre Weise herrliche Szene aus dem ersten Teil des *Faust*. Ich meine jenes Gespräch in Marthens Garten, in dem Gretchen, ein wenig altklug und etwas aufdringlich, wissen möchte, wie Faust es mit der Religion halte, ob er an Gott glaube. Die Frage ist klar und ganz und gar unmißverständlich, die Antwort eher nebulös und auf jeden Fall ausweichend: Er habe keinen Namen dafür. Gefühl sei alles: »Name ist Schall und Rauch / Umnebelnd Himmelsglut.« Dies sagt Faust just in dem Augenblick, da er Gretchen eben doch mehrere Namen zur Auswahl angeboten hat: »Nenn's Glück! Herz! Liebe! Gott!«

Wie also? Ist das Herz etwa ein Synonym für Glück, für Liebe und auch noch für Gott? Sollte das Herz ein Allerweltswort sein, das nahezu alles symbolisieren kann, also gleichsam der Joker der deutschen Sprache, der deutschen Dichtung?

Wer Goethe und vielen seiner Zeitgenossen und Nachfolger derartiges vorwirft, sollte allerdings bedenken, daß es sich hier um ein nicht nur deutsches Übel handelt, sondern um eine Art Zeitkrankheit. Bei Rousseau, um nur dieses eine Beispiel anzuführen, gibt es das Wort »Herz« so häufig, daß man ihm nachgesagt hat, er gebrauche es immer dann, wenn er ein Phänomen überhaupt nicht erklären könne. Sicher ist: Das Herz, das war der Ausdruck für alles Unbegreifliche, für alles Unfaßbare.

So wird es auch verständlich, daß die neue Generation, die der Romantiker, dem Herzkult mißtraute, ohne sich indes von ihm ganz lösen zu können. Wenn die Romantiker vom Herzen sprachen, dann meist von dem der Frau. Vom eigenen zu reden galt, wenn es nicht eindeutig ironisch gemeint war, als sentimental und pathetisch oder gar – ganz anders als in der Zeit des jungen Goethe – als schlechthin lächerlich.

Für Shelley war es ein konventionelles, ein längst abgestandenes Motiv: Er verhöhnte die Dichter, die das Moor und die felsigen Gebirgsseen besangen und auch »the heart of man«, das Herz des Menschen. Alfred de Musset äußerte sich über die Verwendung des Wortes »cœur« in der Poesie – das sich übrigens im Französischen ebenfalls auf »Schmerz«, auf »douleur« also, reimt – geradezu verächtlich. Wenn es in seinen Versen überhaupt vorkommt, dann eher als »steriles Herz«.

Und wie ist es um das Herz bei Heine bestellt? Folgt auch er der Mode der Spätromantiker? Wird auch in seiner Dichtung das noch kurz zuvor beliebteste Symbol der Liebe verspottet oder ausgespart? Keineswegs. So gewiß Heine der Zweifler und Skeptiker unter den deutschen Romantikern war, so wenig war er bereit, sich in seiner Lyrik von dem traditionellen Herzsymbol zu trennen. Das Herz gehört zu den zentralen Motiven seiner frühen Dichtung.
Es zeigt sich, daß auch bei ihm – wie bei Goethe – das Herz alles ausdrücken kann, daß er es mit allem vergleicht, etwa, ein wenig überraschend, mit dem Meer. Warum gleicht das Herz dem Meer? Auch in seinem Herzen gebe es – lesen wir im *Buch der Lieder* – »Sturm und Ebb' und Flut, / und manche schöne Perle in seiner Tiefe ruht«. Wie man sieht, dient auch bei Heine die Vokabel »Herz« als Joker im Spiel der Poesie.
Allerdings ist in Heines Lyrik das Herz nicht mehr – wie beim jungen Goethe – ein fröhliches, ein den Dichter ermunterndes und häufig zu amourösen Abenteuern anspornendes Organ. »Es schlug mein Herz, geschwind zu Pferde!« – hieß es in den Sesenheimer Liedern. Das Herz Heines hingegen ist wund und krank, es bricht und blutet, in ihm verbirgt sich »meist Angst und Weh«. Und während Goethe enthusiastisch rufen konnte: »In meinem Herzen welche Glut!«, spricht Heine von einer Schlangengrube: »Ich trage im Herzen viel Schlangen / Und dich, Geliebte mein.«

Aber da für Heine das Herz letztlich doch nicht mehr war als eben poetisches Spielmaterial, hatte er wenig Lust, die fast schon konventionelle Alternative – Herz oder Geist – noch einmal aufzugreifen. Es ist eine uralte Alternative, ihre Wurzeln mag man in der Bibel suchen, doch keiner hat sie mehr popularisiert als – wieder einmal – Goethe.

Schon im »Werther« findet sich das (doch nicht ganz überzeugende) Bekenntnis: »Was ich weiß, kann jeder wissen. Mein Herz habe ich allein.« Und in »Dichtung und Wahrheit« verkündet und begründet er den Primat des Herzens: ». . . Da uns das Herz immer näher liegt als der Geist und uns dann zu schaffen macht, wenn dieser sich wohl zu helfen weiß, so waren mir die Angelegenheiten des Herzens immer als die wichtigsten erschienen.«

Auch Schiller liebt es, das Emotionale gegen das Rationale auszuspielen, das Herz also gegen den Verstand, jedenfalls läßt er seine Figuren derartige Sprüche recht häufig aufsagen. Max Piccolomini entgegnet seinem Vater: »Dein Urteil kann sich irren, nicht mein Herz.« Und in »Wallensteins Tod« erklärt der Kommandant von Eger: »Das Herz und nicht die Meinung ehrt den Mann.« Ähnliches hört man auch von den Autoren des Jungen Deutschland, wenn nicht von Heine, so doch von seinem großen Bundesgenossen und Widersacher, von Ludwig Börne, der nicht zögert, zu behaupten: »Nicht der Geist, das Herz macht frei.«

Indes wären wir fahrlässig, wollten wir vergessen, daß es noch eine andere deutsche Tradition gibt. An ihrer Spitze steht kein geringerer Mann als Martin Luther. Er hatte wenig Vertrauen zum Urteil des Herzens: Es sei – meinte er – wie das Quecksilber, »das jetzt da, bald anderswo ist, heut also, morgen anders gesinnt«.

Von den vielen deutschen Schriftstellern, die in den folgenden Jahrhunderten glaubten, vor dem Herzen als dem Symbol unkontrollierter Gefühle warnen zu müssen, sei jener vor allem zitiert, vor dem sich zu verneigen wir immer wieder

Anlaß haben: »Das Herz redet uns gewaltig gern nach dem Maule« – bemerkt ganz nüchtern Franziska, die gescheite Kammerzofe des Fräuleins von Barnhelm. Und bei Hegel ist gar vom »Brei des Herzens« die Rede, der die »Architektonik der Vernünftigkeit des Staates« gefährde.

Doch wer weiß, ob nicht klüger als alle, die immer wieder für das Herz oder den Geist plädierten, unser Fontane war, der von dieser Alternative nichts wissen wollte und statt dessen die Synthese empfahl: »O, lerne denken mit dem Herzen / und lerne fühlen mit dem Geist.«

Als Fontane dies schrieb, da war es freilich um das Herz in der Literatur nicht mehr gut bestellt: Es war in der zweiten Hälfte des neunzehnten Jahrhunderts, kaum daß man es merkte, in die Zuständigkeit der Trivialautoren übergegangen. Von den Schriftstellern, die auf sich hielten, wurde es nur noch wenig beachtet – vielleicht deshalb, weil sie sich von den Naturwissenschaftlern, den Physiologen zumal, überzeugen ließen, daß die Gefühle des Menschen im Gehirn lokalisiert seien und eben nicht im Herzen.

Im Mittelpunkt der großen Romane dieser Jahrzehnte stehen Frauen, die an ihrer Sehnsucht leiden. Wonach sehnen sie sich? Heute reden die Frauen alle von der Selbstverwirklichung, der fehlenden natürlich. Das Wort kannte man damals nicht, die Frauen waren indes ebenfalls auf der Suche, nur nach etwas anderem. Emma Bovary, Anna Karenina, Effi Briest – sie sehnten sich nach Liebe. Und vielleicht hatte diese Sehnsucht doch etwas mit Selbstverwirklichung zu tun. Wie auch immer: Das Herz ließ man lieber unerwähnt.

Fontane war Deutschlands größter Romancier der langen Epoche zwischen Goethe und Thomas Mann. Aber vor dem Hintergrund des europäischen Romans war er nun doch, es läßt sich nicht verschweigen, ein Nachzügler. Als er seine *Effi Briest* veröffentlichte, da schien die Zeit der einsamen und unglücklichen Ehefrauen, die sich von ihren allzu trockenen oder engstirnigen Gatten wegsehnten, schon vorbei zu sein, da wurden andere Typen modern, Vamps und Femmes fatales, raffinierte Genießerinnen und teuflische Verführerinnen, jedenfalls Frauen, für die wichtiger als die Erotik die Sexualität war – von Strindbergs Fräulein Julie über Oscar Wildes Prinzessin Salome bis zu Wedekinds kreatürlicher Lulu. Es waren herzlose Frauen oder doch zumindest solche, die als herzlos gelten wollten.

Das Herz hatte sich, so absonderlich dies klingen mag, ganz einfach überlebt. Die Psychoanalyse ignorierte es konsequent und später auch der Existentialismus. Wenn es in der deutschen Lyrik unseres Jahrhunderts noch eine große Rolle spielte, dann in den Versen der Expressionisten. So ist denn auch einer der Teile der *Menschheitsdämmerung*, der immer noch grandiosen expressionistischen Anthologie aus dem Jahre 1919, »Erweckung des Herzens« betitelt.
Das Herz besingen vor allem jene Expressionisten, die keine Angst vor dem Pathos haben und sich von der Sprache der Bibel anregen lassen – Ivan Goll etwa oder Franz Werfel. Am häufigsten hören wir vom Herzen im Werk einer skurrilen und exzentrischen Frau, die sich genötigt sieht, im Mystischen und in der Ekstase Zuflucht zu suchen – im Werk der Else Lasker-Schüler. Sie dichtet »Dein Herz ist ein Wirbelwind.« Und: »Kinder sind unsere Herzen, / Die möchten ruhen müdesüß.« Das Herz – das ist gleichsam der rote Faden ihrer Poesie und zugleich deren blaue Blume. Sogar die autobiographischen Aufzeichnungen der Else Lasker-Schüler tragen den ebenso schlichten wie anspruchsvollen Titel *Mein Herz*.
Gewiß taucht das Herz auch in den Versen anderer bedeutender Lyriker unseres Jahrhunderts auf, bisweilen in einem überraschenden, in einem wunderlichen Zusammenhang, so bei Rilke, der von den »Bergen des Herzens« spricht. Aber ein Dichter, der unserem Zeitgefühl näher steht als die Lasker-Schüler, als Rilke oder Werfel, ein Dichter wie Gottfried Benn ließ das Herz, wenn man so sagen darf, links liegen. Obwohl Benn Arzt war? Nein, vielleicht gerade deshalb, weil

er Arzt war und sich daher am wenigsten Illusionen bezüglich des Herzens machen konnte.

Brecht wiederum benennt und beschreibt die Körperteile seiner Geliebten gern. Doch sind es meist solche unterhalb der Gürtellinie. Wo er die Vokabel »Herz« verwendet, was selten geschieht, geniert er sich des ältesten Reimes der deutschen Sprache nicht, nur klingt er bei ihm recht schnoddrig: »Ich kann dies feile Fleisch noch nicht verschmerzen: / So tief sitzt die Kanallje mir im Herzen.« Und wenn Brecht sagen will, warum ihn seine Geliebte He. enttäuscht hat, dann greift er doch auf die sonst verpönte Herz-Metapher zurück und konstatiert unmißverständlich: »Ihr Herz war ohne Gedanken.«

Hat also das Herz in unserem Jahrhundert seine Bedeutung für die Literatur eingebüßt? Und hängt das etwa mit der Entwicklung der Medizin und ihrer technischen Hilfsmittel zusammen? Das Gegenteil trifft zu. Im *Zauberberg* wird Joachim Ziemßens Oberkörper durchleuchtet. Hans Castorp darf zuschauen: Seine »Aufmerksamkeit war in Anspruch genommen von etwas Sackartigem, ungestalt Tierischem, dunkel hinter dem Mittelstamme Sichtbarem, und zwar größtenteils zur Rechten, vom Beschauer aus gesehen – das sich gleichmäßig ausdehnte und wieder zusammenzog, ein wenig nach Art einer rudernden Qualle ... Großer Gott, es war das Herz, Joachims ehrliebendes Herz, was Hans Castorp sah!«

Auch die modernen Lyriker sehen dank der Röntgenstrahlen das Herz anders als bisher. Einige Jahre nach dem *Zauberberg* publiziert Erich Kästner das Gedicht »Das Herz im Spiegel«. Hier wird weder verklärt noch poetisiert, hier herrscht vielmehr der kühle und nüchterne, doch keineswegs gefühllose Ton der Neuen Sachlichkeit. Ein Mann wird durchleuchtet, er erblickt auf dem Bildschirm ein »schattenhaftes Gewächs«: »Das war mein Herz! Es glich aufs Haar / einem zuckenden Tintenklecks.« Der Mann erlebt einen

Schock: »Das war mein Herz, das dir gehört, / geliebte Hildegard!« Und das Fazit des Kästner-Gedichts:

> Kind, das Vernünftigste wird sein,
> daß du mich rasch vergißt.
> Weil so ein Herz wie meines kein
> Geschenkartikel ist.

Die Röntgendurchleuchtungen und die Elektrokardiogramme, die Herzoperationen und die Herzverpflanzungen haben der Symbolik des Herzens nichts anhaben können, ja sie haben der Literatur neue Motive und Themen geliefert. Schon vor einem halben Jahrhundert hat der Romancier Ernst Weiß, der von Beruf Arzt war, in seiner Erzählung *Die Herznaht* meisterhaft eine Herzoperation geschildert.

Immer noch glauben die Menschen an die geheimen Kräfte des Herzens. Auch die Dichter unserer Zeit brauchen das Herzsymbol, das uralte Zeichen der Liebe. Die ominöse und sentimentale und eben doch nicht ersetzbare Vokabel taucht nach wie vor in den Titeln zahlloser Lyriksammlungen, Romane und Erzählungen auf. Von den vielen Beispielen, die man hier anführen könnte, sei nur eines genannt: Der erfolgreichste Gedichtband der letzten Jahre variiert im Titel die traditionsreiche Alternative. Ich meine Ulla Hahns Debüt *Herz über Kopf*. Nach 1945 zeigte sich auch, daß man mit dem Herzen sogar das politische Bekenntnis wirkungsvoll andeuten kann. *Links, wo das Herz ist*, der Titel der 1952 erschienenen Autobiographie von Leonhard Frank, wird bis heute gern und oft nachgeahmt.

Nein, es ist nicht schlecht um das Herz bestellt. Schlimm ist es erst dann, wenn man von ihm nicht mehr in Bildern und Metaphern spricht, wenn es nur noch auf seine mechanischen Bewegungen ankommt, auf seinen bloßen Rhythmus. »In solcher Stunde« – schrieb Alfred Polgar – »ist wenig Poesie mehr um das arme Ding, da wird furchtbar gleichgültig, wofür es schlägt, wenn es nur schlägt...« Ja, in solcher Stunde haben die Dichter zu schweigen. Das Wort haben dann nur noch die Mediziner.   (1982)

Anhang

Nachweise der Erstveröffentlichungen

Wer schreibt, provoziert die Gesellschaft. In: Die Welt. 15. April 1961.

Deutsche Unterhaltungsliteratur. In: Die Zeit. 6. April 1962.

Betrifft Literatur und Sport. In: Die Zeit. 14. Februar 1964.

Ohne Fuß auf deutscher Erde? In: Die Zeit. 12. Juni 1964.

Sexus und die Literatur. In: Die Zeit. 13. November 1964.

Verräter, Brückenbauer, Waisenkinder. In: Die Zeit. 9. April 1965.

Ist das Leichte gleich verächtlich? In: Die Zeit. 11. Juni 1965.

Gegen die linken Eiferer. In: Die Zeit. 11. Mai 1973.

Erfolg und Ruhm. In: Frankfurter Allgemeine Zeitung. 23. Oktober 1974.

Die Vorliebe für Ich-Erzählungen. In: Die Zeit. 10. Januar 1964.

Untergang der erzählten Welt? In: Die Zeit. 5. Juni 1964.

Schlechte Zeiten für Konfektionäre? In: Die Zeit. 6. November 1964.

Schriftsteller am stillen Herd. In: Frankfurter Allgemeine Zeitung. 18. Oktober 1975.

Für Kurzgeschichten muß man Zeit haben. In: Frankfurter Allgemeine Zeitung. 17. September 1977.

Der Kaiser ist nackt. In: Frankfurter Allgemeine Zeitung. 17. Oktober 1980.

Gibt es eine neue Innerlichkeit? In: Frankfurter Allgemeine Zeitung. 6. Juni 1981.

Die Ichbesessenheit ist nützlich. In: Frankfurter Allgemeine Zeitung. 6. Oktober 1982.

Kritik auf den Tagungen der Gruppe 47. In: Almanach der Gruppe 47. – 1947–1962. Hrsg. von Hans Werner Richter in Zsarb. mit Walter Mannzen. Reinbek bei Hamburg: Rowohlt, 1962.

Nichts als deutsche Literatur. In: Die Zeit. 3. Dezember 1965.

Das Ende der Gruppe 47. In: Frankfurter Allgemeine Zeitung. 21. September 1977.

Arbeitstagung und Modenschau. In: Klagenfurter Texte zum Ingeborg-Bachmann-Preis 1977. Hrsg. von Humbert Fink, Marcel Reich-Ranicki und Ernst Willner. München: List, 1977.

Die Misere, ihre Ursachen und ihre Folgen. In: Neue Zürcher Zeitung. 25./26. Oktober 1975.

Ein Kritiker muß eitel sein. In: Börsenblatt für den Deutschen Buchhandel. 26. April 1983.

Das Herz – der Joker der deutschen Dichtung. In: Frankfurter Allgemeine Zeitung. 7. Dezember 1982.

Über den Autor

Biographische Notiz

Marcel Reich-Ranicki wurde am 2. Juni 1920 in Włocławek geboren, einer an der Weichsel gelegenen polnischen Kleinstadt, in deren unmittelbarer Nachbarschaft bis zum Ende des Ersten Weltkrieges die deutsch-russische Grenze verlief. Sein Vater, David Reich, war ein polnischer Jude, seine Mutter, Helene, geborene Auerbach, eine deutsche Jüdin. Die Vorfahren waren väterlicherseits Kaufleute und mütterlicherseits seit Jahrhunderten Rabbiner. In seiner Geburtsstadt besuchte Reich-Ranicki eine deutsche Volksschule, doch siedelte die Familie 1929 nach Berlin um. Dort war er Schüler zunächst des Werner von Siemens-Gymnasiums in Berlin-Schöneberg und dann des Fichte-Gymnasiums in Berlin-Wilmersdorf. Im Herbst 1938, kurz nach dem Abitur, wurde er verhaftet und nach Polen deportiert.

Er lebte jetzt in Warschau und ab 1940 im Warschauer Getto. In dessen Verwaltung, dem »Judenrat«, wirkte er als Übersetzer. Zugleich war er Mitarbeiter des Getto-Untergrundarchivs und nahm Anfang 1943 an einer Widerstandsaktion der Jüdischen Kampforganisation (ZOB) teil. Kurz darauf gelang ihm zusammen mit Teofila, geborene Langnas, die er 1942 geheiratet hatte, die Flucht aus dem Getto. Von nun an waren sie in Warschau im Untergrund. Sein 1973 erschienenes Buch *Über Ruhestörer – Juden in der deutschen Literatur* ist dem Andenken jener Menschen gewidmet, »die von Deutschen ermordet wurden, weil sie Juden waren. Zu ihnen gehören mein Vater David Reich, meine Mutter Helene, geb. Auerbach, und mein Bruder Alexander Herbert Reich.«

Nachdem er im September 1944 von der Sowjetischen Armee befreit worden war, meldete sich Reich-Ranicki freiwillig zur polnischen Armee. Er wurde der militärischen Postzensur zugeteilt. Wenig später trat er der Kommunistischen Partei Polens bei. 1946 gehörte er der Polnischen Militärmission in Berlin an,

1947 arbeitete er in der Zentrale des polnischen Geheimdienstes (Auslands-Nachrichtendienst) und im Polnischen Außenministerium. In den Jahren 1948 und 1949 war er Konsul der Republik Polen in London. Im Herbst 1949 bat er aus politischen Gründen um seine Abberufung und kehrte nach Warschau zurück. Er wurde sofort sowohl aus dem Geheimdienst als auch aus dem Auswärtigen Dienst entlassen, aus der Kommunistischen Partei ausgeschlossen (offizielle Begründung: »ideologische Fremdheit«), inhaftiert und einige Wochen in einer Einzelzelle gefangen gehalten.

Danach wurde ihm jedoch erlaubt, in einem großen Warschauer Verlag ein Lektorat für deutschsprachige Literatur zu gründen und zu betreuen. Ende 1951 mußte er die Verlagsarbeit aufgeben und konnte sich jetzt nur noch als freier Schriftsteller betätigen: Als Kritiker befaßte sich Reich-Ranicki mit deutscher Literatur der Vergangenheit und der Gegenwart. Aber Anfang 1953 hat das Zentralkomitee der Kommunistischen Partei weitere Veröffentlichungen von Reich-Ranicki untersagt. Erst während des »Tauwetters«, Ende 1954, wurde dieses gegen ihn gerichtete generelle Publikationsverbot aufgehoben.

Er schrieb Rezensionen und Essays, die in verschiedenen polnischen Zeitungen und Zeitschriften (vor allem in der Monatsschrift *Twórczość* und in der Wochenzeitung *Nowa Kultura*) und gelegentlich auch in DDR-Zeitschriften (so in der *Neuen Deutschen Literatur*) gedruckt wurden. Überdies verfaßte er ein Buch mit dem Titel *Aus der Geschichte der deutschen Literatur* (Warschau 1955), eine Monographie über *Die Epik der Anna Seghers* (Warschau 1957) und kritische Einleitungen und Vorworte zu Werken von Goethe, Fontane, Storm, Raabe, Heinrich Mann, Hermann Hesse und anderen. Zusammen mit Andrzej Wirth übersetzte er Kafkas *Schloß* (in der Bühnenfassung von Max Brod) und Friedrich Dürrenmatts *Besuch der alten Dame*.

Im Sommer 1958 hielt sich Reich-Ranicki zu Studienzwecken in der Bundesrepublik auf und kehrte von dieser Reise nicht mehr nach Polen zurück. Er wohnte mit seiner Familie zunächst in Frankfurt am Main, dann bis 1973 in Hamburg und lebt seitdem wieder in Frankfurt. Nachdem er zunächst für die *Frankfurter Allgemeine Zeitung* und für *Die Welt* geschrieben hatte, war er von 1960 bis 1973 ständiger Literaturkritiker der Wochenzeitung *Die Zeit*. Von 1973 bis 1988 leitete er in der *Frankfurter Allgemeinen Zeitung* die Redaktion für Literatur und literarisches Leben. Er ist jetzt weiterhin in der *F.A.Z.* als Kritiker und als Redakteur der *Frankfurter Anthologie* tätig.

Von 1965 bis 1972 war Reich-Ranicki Mitarbeiter der *Encyclopaedia Britannica*; von 1958 bis 1967 nahm er an den Tagungen der Gruppe 47 teil; von 1977 bis 1986 war er Sprecher der Jury des Klagenfurter Wettbewerbs um den Ingeborg Bachmann-Preis. Vortragsreisen führten ihn in die USA, nach Kanada, Israel, China, Australien und Neuseeland sowie in zahlreiche europäische Länder. 1968 war er Gastprofessor für deutsche Literatur des 20. Jahrhunderts an der Washington University in St. Louis (USA) und 1969 am Middlebury College (USA). Von 1971 bis 1975 lehrte er als ständiger Gastprofessor für Neue Deutsche Literatur an den Universitäten Stockholm und Uppsala. Seit 1974 ist er Honorarprofessor an der Universität Tübingen, in den Jahren 1991/92 bekleidete er die Heinrich Heine-Gastprofessur an der Universität Düsseldorf. Seit 1988 leitet er das »Literarische Quartett« des Zweiten Deutschen Fernsehens.

Auszeichnungen: Ehrendoktorwürde der Universität Uppsala (1972); Heine-Plakette (1976); Ricarda Huch-Preis (1981); Wilhelm Heinse-Medaille der Akademie der Wissenschaften und der Literatur in Mainz (1983); Goethe-Plakette der Stadt Frankfurt am Main (1984); Thomas Mann-Preis (1987); »Bambi«-Kulturpreis (1989); Hermann Sinsheimer-Preis für Literatur und Publizistik (1991); Bayerischer Fernsehpreis (1991); Ehrendoktorwürde der Universität Augsburg (1992) sowie der Universität Bamberg (1992).

Bibliographische Notiz

Selbständige Buchveröffentlichungen

Deutsche Literatur in West und Ost. Prosa seit 1945. München 1963. – Taschenbuch-Ausg.: Reinbek bei Hamburg 1970. (rororo 1313/1314/1315.) – Neuausg.: Stuttgart 1983. – Taschenbuch-Ausg.: München 1985. (dtv 10414.)

Literarisches Leben in Deutschland. Kommentare und Pamphlete. München 1965.

Wer schreibt, provoziert. Kommentare und Pamphlete. München 1965. (dtv 384.) – Frankfurt a. M. 1993. (Fischer Taschenbuch. 11395.)

Literatur der kleinen Schritte. Deutsche Schriftsteller heute. München 1967. – Erw. Taschenbuch-Ausg.: Frankfurt a. M. / Berlin / Wien 1971. (Ullstein Buch. 2867.) – Abermals erw. Taschenbuch-Ausg.: München 1991. (dtv 11464.)

Die Ungeliebten. Sieben Emigranten. Pfullingen 1968. (Opuscula. 39.)

Lauter Verrisse. Mit einem einleitenden Essay. München 1970. – Erw. Taschenbuch-Ausg.: Frankfurt a. M. / Berlin / Wien 1973. (Ullstein Buch. 3009.) – Erw. Neuausg.: Stuttgart 1984. – Taschenbuch-Ausg.: München 1992. (dtv 11578.)

Über Ruhestörer. Juden in der deutschen Literatur. München 1973. (Serie Piper. 48.) – Erw. Taschenbuch-Ausg.: Frankfurt a. M. / Berlin / Wien 1977. (Ullstein Buch. 3335.) – Erw. Neuausg.: Stuttgart 1989. – Abermals erw. Taschenbuch-Ausg.: München 1993. (dtv 11677.)

Zur Literatur der DDR. München 1974. (Serie Piper. 94.)

Nachprüfung. Aufsätze über deutsche Schriftsteller von gestern. München 1977. – Erw. Neuausg.: Stuttgart 1980. – Taschenbuch-Ausg.: München 1984. (dtv 10226.) – Erw. Taschenbuch-Ausg.: München 1990. (dtv 11211.)

Entgegnung. Zur deutschen Literatur der siebziger Jahre. Stuttgart 1979. – Erw. Neuausg.: Stuttgart 1981. – Taschenbuch-Ausg.: München 1982. (dtv 10018.)

Betrifft Goethe. (Zusammen mit der Rede des Kanzlers Friedrich von Müller von 1832.) Zürich/München 1982. – Neuausg.: Frankfurt a. M. 1995 (Fischer-Bibliothek.)

Nichts als Literatur. Aufsätze und Anmerkungen. Stuttgart 1985. (Reclams Universal-Bibliothek. 8076.)

Lauter Lobreden. Stuttgart 1985. – Taschenbuch-Ausg.: München 1992. (dtv 11618.)

Mehr als ein Dichter. Über Heinrich Böll. Köln 1986. (KiWi 109.) – Taschenbuch-Ausg.: München 1994. (dtv 11907.)

Thomas Mann und die Seinen. Stuttgart 1987. – Taschenbuch-Ausg.: Frankfurt a. M. 1990. (Fischer Taschenbuch. 6951.)

Zwischen Diktatur und Literatur. Marcel Reich-Ranicki im Gespräch mit

Joachim Fest. Frankfurt a. M. 1987. (Fischer Taschenbuch. 46206.) – Frankfurt a. M. 1993. (Fischer Taschenbuch. 12097.)

Herz, Arzt und Literatur. Zwei Aufsätze. Zürich 1987.

Thomas Bernhard. Aufsätze und Reden. Zürich 1990. – Taschenbuch-Ausg.: Frankfurt a. M. 1993. (Fischer Taschenbuch. 11396.)

Max Frisch. Aufsätze. Zürich 1991. – Taschenbuch-Ausg.: Frankfurt a. M. 1994. (Fischer Taschenbuch. 11397.)

Ohne Rabatt. Über Literatur aus der DDR. Stuttgart 1991. – Taschenbuch-Ausg.: München 1993. (dtv 11744.)

Reden auf Hilde Spiel. München 1991.

Der doppelte Boden. Ein Gespräch mit Peter von Matt. Zürich 1992. – Taschenbuch-Ausg.: Frankfurt a. M. 1994. (Fischer Taschenbuch. 11894.)

Günter Grass. Aufsätze. Zürich 1992. – Taschenbuch-Ausg.: Frankfurt a. M. 1994. (Fischer Taschenbuch. 12254.)

Der romantische Prophet. Anmerkungen zu Friedrich Schlegels Literaturkritik. Heidelberg 1993. (Heidelberger Universitätsreden. 5.) – Erlangen/Jena 1993. (Jenaer philosophische Vorträge und Studien. 5.)

Die Anwälte der Literatur. Stuttgart 1994.

Martin Walser. Zürich 1994.

Herausgegebene Bücher

Auch dort erzählt Deutschland. Prosa von »drüben«. München 1960. (List-Bücher. 170.)

Sechzehn Polnische Erzähler. Reinbek bei Hamburg 1962. (rororo 524/525.)

Erfundene Wahrheit. Deutsche Geschichten seit 1945. München 1965.

Notwendige Geschichten 1933–1945. München 1967. – Taschenbuch-Ausg.: München 1980. (dtv 1528.) – München 1994. (Serie Piper. 1613.)

In Sachen Böll. Ansichten und Einsichten. Köln 1968. – 3., erw. Aufl. Köln 1968. – Taschenbuch-Ausg.: München 1971. (dtv 730.)

Gesichtete Zeit. Deutsche Geschichten 1918–1933. München 1969. – Taschenbuch-Ausg.: München 1980. (dtv 1527.) – München 1992. (Serie Piper. 1612.)

Anbruch der Gegenwart. Deutsche Geschichten 1900–1918. München 1971. – Taschenbuch-Ausg.: München 1980. (dtv 1526.) – München 1992. (Serie Piper. 1547.)

Erfundene Wahrheit. Deutsche Geschichten 1945–1960. München 1972. [Veränd. Neuaufl.] – Taschenbuch-Ausg.: München 1980. (dtv 1529.)

Verteidigung der Zukunft. Deutsche Geschichten seit 1960. München 1972. – Taschenbuch-Ausg.: Verteidigung der Zukunft. Deutsche Geschichten 1960–1980. München 1980. (dtv 1530.)

Frankfurter Anthologie. Gedichte und Interpretationen. Frankfurt a. M. 1976–94. [Bisher 17 Bde.]

Ludwig Börne: *Spiegelbild des Lebens.* Aufsätze über Literatur. Frankfurt a. M. 1977. (suhrkamp taschenbuch. 408.) – Erw. Neuausg.: Frankfurt a. M. 1993. (insel taschenbuch. 1578.)

Klagenfurter Texte zum Ingeborg Bachmann-Preis. 1977. 1978. 1979. 1980. 1981. 1982. 6 Bde. (Mithrsg.: Humbert Fink und Ernst Willner.) München 1977–82.

Wolfgang Koeppen: *Die elenden Skribenten.* Aufsätze. Frankfurt a. M. 1981. – Taschenbuch-Ausg.: Frankfurt a. M. 1984. (suhrkamp taschenbuch. 1008.)

Meine Schulzeit im Dritten Reich. Erinnerungen deutscher Schriftsteller. Köln 1982. – Taschenbuch-Ausg.: München 1984. (dtv 10328.) – Erw. Neuausg.: Köln 1988. – Taschenbuch-Ausg.: München 1993. (dtv 11597.)

Alfred Polgar: *Kleine Schriften.* Bd. 1: *Musterung.* Reinbek bei Hamburg 1982. – Taschenbuch-Ausg.: Reinbek bei Hamburg 1994. (rororo 13506.) – Bd. 2: *Kreislauf.* Reinbek bei Hamburg 1983. – Bd. 3: *Irrlicht.* Reinbek bei Hamburg 1984. – Bd. 4: *Literatur.* Reinbek bei Hamburg 1984. – Bd. 5: *Theater I.* Reinbek bei Hamburg 1985. – Bd. 6: *Theater II.* Reinbek bei Hamburg 1986.

Klagenfurter Texte zum Ingeborg Bachmann-Preis. 1983. 1984. 1985. 1986. 4 Bde. (Mithrsg.: Humbert Fink.) München 1983–86.

Hundert Gedichte werden vorgestellt. Eine zeitgenössische Auswahl aus der *Frankfurter Anthologie.* Gütersloh [1983].

Über die Liebe. Gedichte und Interpretationen aus der *Frankfurter Anthologie.* Frankfurt a. M. 1985. (insel taschenbuch. 794.)

Wolfgang Koeppen: *Gesammelte Werke.* 6 Bde. Frankfurt a. M. 1986.

Was halten Sie von Thomas Mann? Achtzehn Autoren antworten. Frankfurt a. M. 1986. (Fischer Taschenbuch. 5464.) – Frankfurt a. M. 1994. (Fischer Taschenbuch. 12252.)

Erzählte Gegenwart. Zehn Jahre Ingeborg Bachmann-Preis. München 1986.

Johann Wolfgang von Goethe: *Alle Freuden, die unendlichen.* Liebesgedichte und Interpretationen. Frankfurt a. M. 1987. (Insel-Bücherei. 1028.)

Romane von gestern – heute gelesen. Bd. 1: *1900–1918.* Frankfurt a. M. 1989. – Bd. 2: *1918–1933.* Frankfurt a. M. 1989. – Bd. 3: *1933–1945.* Frankfurt a. M. 1990.

Horst Krüger – ein Schriftsteller auf Reisen. Materialien und Selbstzeugnisse. Hamburg 1989.

Johann Wolfgang von Goethe: *Verweile doch.* 111 Gedichte mit Interpretationen. Frankfurt a. M. 1992.

Wolfgang Koeppen: *Ohne Absicht.* Gespräch mit Marcel Reich-Ranicki in der Reihe »Zeugen des Jahrhunderts«. Göttingen 1994.

Hermann Burger: *Erzählungen.* Frankfurt a. M. 1994.

Deutsche Erzähler des 20. Jahrhunderts. Von Arthur Schnitzler bis Robert Musil. Zürich 1994.

Deutsche Erzähler des 20. Jahrhunderts. Von Joseph Roth bis Hermann Burger. Zürich 1994.

1000 Deutsche Gedichte und ihre Interpretationen. 10 Bde. Frankfurt a. M. 1994.

Personenregister